A graça
de Deus

Rev. Aldo Quintão

A graça de Deus

Quem disse que humor e espiritualidade não podem caminhar juntos?

SEXTANTE

Copyright © 2012 por Aldo Quintão

Todos os direitos reservados. Nenhuma parte deste livro pode ser utilizada ou reproduzida sob quaisquer meios existentes sem autorização por escrito dos editores.

edição: Anderson Cavalcante
preparo de originais: Alice Dias
revisão: Ana Lúcia Machado e Caroline Mori
projeto gráfico e diagramação: Ana Paula Daudt Brandão
capa: Paula Chiuratto por Gautio Design
imagem de capa: Foto Studio Equipe
impressão e acabamento: Yangraf Gráfica e Editora Ltda.

CIP-BRASIL. CATALOGAÇÃO-NA-FONTE
SINDICATO NACIONAL DOS EDITORES DE LIVROS, RJ

Q65g

Quintão, Aldo
　A graça de Deus / Reverendo Aldo; Rio de Janeiro: Sextante, 2012.
　144 p.; 14x21 cm

　ISBN 978-85-7542-858-0

　1. Deus 2. Psicologia religiosa. 3. Religião 4. Fé. I. Título.

12-6401.　　　　　　　　　　　　CDD: 231
　　　　　　　　　　　　　　　　CDU: 27-317

Todos os direitos reservados, no Brasil, por
GMT Editores Ltda.
Rua Voluntários da Pátria, 45 – Gr. 1.404 – Botafogo
22270-000 – Rio de Janeiro – RJ
Tel.: (21) 2538-4100 – Fax: (21) 2286-9244
E-mail: atendimento@esextante.com.br
www.sextante.com.br

Dedicatória

"Deus falou estas palavras e disse: Eu sou o Senhor teu Deus; não terás outros deuses diante de mim."
Êxodo 20:1-3

"Ainda que meu pai e minha mãe me abandonem, o Senhor me acolherá."
Salmos 27:10

A quem eu poderia dedicar este meu livro, diante dessas verdades bíblicas? Ao meu Senhor e meu Deus, que, apesar de conhecer todas as minhas fraquezas, me ama incondicionalmente, me aceita como sou e aguarda pacientemente que eu me restaure e melhore como ser humano, cristão e sacerdote.

Introdução

O ano é 1960. A cidade de Inhapim, no estado de Minas Gerais, perde mais seis habitantes para o novo "eldorado": Brasília, a capital recém-inaugurada do Brasil. Anibal saiu da roça e aprendeu a profissão de sapateiro, e Antonia, que estudou até a quarta série do ensino fundamental, era professora da educação infantil na zona rural. Eles pegam as trouxas e os filhos pequenos, Beth, José Carlos, Elizeth e Gugu, e partem para o sonho que se tornaria pesadelo. Anibal, sem a freguesia amiga do interior, não tem sapato para consertar ou engraxar, e a professora se torna servente. No entanto, conseguem morar em um barraco de madeira com telhado de zinco (barulhento quando chove e calorento no sol de rachar do Centro Oeste) e sem água encanada, luz e banheiro. Mas com lamparina, cisterna e privada, tudo se resolve.

Nascem ali os brasilienses Aldo, Geraldo e Anibinha, para entender a máxima da família Quintão: *"Faltava quase tudo, mas a gente nem ligava. O importante não faltava: um sorriso e um olhar."*

Aos 15 anos vesti a primeira cueca e a primeira calça comprida e fui apresentado a um pedaço de pizza e a outro de lasanha. Achei que naquele momento o mundo se abriria para mim e então eu iria conhecê-lo e desvendá-lo, mas não foi simples assim. Algo de que me recordo com muita alegria enquanto escrevo este livro é que, mesmo com todas as dificuldades pelas quais nossa família tinha passado e ainda passava, nunca, absolutamente nunca, faltaram a fé e a alegria. O bom humor foi o maior presente de nossos pais, herança do bendito e divino DNA. Para ter uma ideia, minha mãe lavava roupa para fora depois do expediente e ainda dava conta de lavar e costurar as de casa, feitas com saco branco. Só que ela fazia tudo isso cantarolando. Minha mãe literalmente cantava o dia inteiro. Meu pai não era diferente. Entre uma engraxada e outra, nos ensinava a vender galinha, queijo e cabide e a executar qualquer serviço honesto. E ele fazia isso com um detalhe relevante: sempre tinha um causo alegre para contar e fazer todo mundo rir.

Nessa época, quando eu era ainda muito jovem, fui apresentado ao universo do saber. Lia com sofreguidão os jornais velhos que recolhíamos para embrulhar os sapatos, queijos, rapaduras e demais produtos. Foi então que conheci Nelson Rodrigues, Flávio Rangel e Lourenço Diaféria, entre outros, sem saber que eles me ajudariam a conquistar um pequeno espaço no seminário e no mundo.

A vila em que eu morava poderia ser chamada de a Vila do Sem, porque era sem asfalto, sem creche, sem restaurante, sem cinema ou, melhor dizendo, sem nenhuma área de lazer. Mesmo assim, confesso que era muito divertido viver lá. Brincávamos na rua empoeirada com bola feita de papel dentro de um saquinho de leite, rodávamos pneu, soltávamos pipa. Quando chovia era uma festa, porque nadávamos nas poças d'água acumuladas pelas chuvas.

Saí da vila em 1980, aos 16 anos, e até hoje aquele lugar, meus familiares, meus amigos e tudo o que vivi por lá permanecem em mim. Foi naquela vila que aprendi o significado verdadeiro da solidariedade, da fraternidade, da igualdade e da inclusão. O negro, o gay, a prostituta, todos nós éramos iguais e solidários na doença, na fome e na fartura. Quando alguém fazia alguma comida gostosa e a dividia com o vizinho, era deselegante devolver a vasilha vazia, sem outra iguaria. Chamo de iguaria porque, para nós, a volta da vasilha que tinha ido era um acontecimento.

Quando o gás acabava, saíamos à caça de gravetos e todos ajudavam. Quando alguém construía mais um quarto na casa, eram muitos os pedreiros e serventes voluntários, pois o rango nesse dia era especial. Não havia outro lugar em que tanta gente gostasse de encher laje!

A fé também sempre esteve presente. Todos iam à igreja, ajudavam na quermesse, na lavagem do piso de cimento queimado da capela e no que mais fosse preciso. Sentados lá, naqueles bancos, éramos todos iguais e unidos em um só pedido: "Senhor, não deixeis que eu me canse, pois creio que o amanhã será muito melhor."

Surge então na minha mente e no meu coração o chamado sacerdotal, porque aquele ambiente de fé e igualdade me trazia paz, consolo e ternura. Pensei que, como padre, eu poderia servir mais e melhor à sociedade. Ao mesmo tempo, com essa doação eu demonstraria a Deus o meu agradecimento por Sua bondade para comigo, meus familiares e nossa comunidade.

Alguns acreditavam na minha vocação, outros não, mas aprendi com Nelson Rodrigues que a unanimidade é burra. Com ele também conheci o "Sobrenatural de Almeida" – assim como seus gols, a minha vocação era inexplicável, incompreensível aos olhos humanos.

Eu me formei na Igreja Católica Romana, mas por questões dogmáticas e por crer em algo mais flexível, me transferi para a Igreja Anglicana. Fui trabalhar na Catedral Anglicana de

São Paulo, que estava prestes a ser fechada por falta de membros. Após alguns anos, finalmente estou vendo meu trabalho frutificar, e a Catedral – confiada a mim por um maravilhoso grupo de ingleses – saiu da quase falência para se tornar a maior igreja anglicana da América Latina. Comecei a ser procurado diariamente para celebrar casamentos e hoje conheço de perto pessoas que eu só via na televisão e nos jornais.

Nesse período de superação e grandes realizações, fui abençoado por uma das mais importantes conquistas da minha vida: a minha família. Eu me casei com a Ana Paula e tivemos nosso filho, Leonardo. Recebi de ambos todo o apoio, o carinho, a dedicação e o incentivo nessa missão nova, árdua e incerta.

Como Jesus fez seu primeiro milagre durante um casamento, honrando essa forma de vida, pedi a ele que renovasse esse milagre me ensinando a levar sua mensagem às celebrações matrimoniais. Portanto, toda vez que celebro um casamento, o faço como se fosse o primeiro.

Foi por meio dos casamentos que meu trabalho se tornou conhecido e que a igreja cresceu. E é por causa deles que consigo manter três creches e setecentas crianças. Assim, tenho profundo carinho e gratidão a todos os noivos e seus convidados, que, pelo boca a boca, se tornaram as molas propulsoras que fizeram com que meu ministério religioso se propagasse.

Apesar de me sentir muito feliz por celebrar os casamentos e ver os frutos que eles davam e continuam dando à igreja, a certeza de que estava no caminho certo e o sentimento de realização vieram quando abrimos as creches para que os atuais "sapateiros e serventes" de Paraisópolis, Jaguaré e Freguesia do Ó tivessem onde deixar os filhos enquanto estivessem no trabalho.

Mesmo quando tudo está indo bem, as provações estão presentes em nossa vida. De repente, fui dominado por uma doença emocional terrível. A síndrome do pânico invadiu meu corpo, minha mente e minha alma. O medo, o tremor, o temor e a certeza da derrota e da morte tomaram conta do meu ser.

Encontrei a presença de Deus na ciência, na psicanálise, nos remédios de tarja preta, na oração, na meditação e no retorno ao passado. Revivi dentro de mim os tempos no barraco que cheirava a querosene de lamparina, o banheiro sem papel higiênico, xampu e sabonete. O arroz e o feijão de cada dia, o frango só aos domingos e o doce apenas uma vez por mês, no dia do pagamento da minha mãe.

Consigo me lembrar perfeitamente da vontade de ir às festinhas dos amigos, desejo impossível de ser atendido, porque eu não possuía uma roupa diferente das de saco branco; lembro-me de ficar observando outras crianças comendo doce ou chocolate, enquanto a gente comia as "balas" que meu pai fazia caramelizando o açúcar e jogando-o na água; recordo-me de usar a imaginação para transformar o arroz e o feijão misturados com farinha em um lindo prato com diversas carnes, igual aos que eu via nas novelas.

Naquela época, naquela situação, vencemos juntos todos os medos e não havia síndrome que nos separasse ou nos tirasse a fé. Segui o tratamento médico rigorosamente, unindo a ele a fé e a certeza de que a vida é um barco e que navegamos pelos oceanos de Deus. Existem tempestades, tufões, tsunamis e muitas ondas revoltas que açoitam a embarcação, mas se tivermos a consciência de que Deus está ao leme, não naufragaremos.

Essa experiência reforçou o aprendizado mais importante que trago daquela vila na qual cresci. Aprendi lá que todas as dificuldades podem ser vencidas ou amenizadas pela fé e pela alegria. Com Deus e com alegria de viver, a gente verga, mas não quebra. Balança, mas não cai. Perde uma batalha, mas não perde a guerra. Acredite: por mais escura que seja a noite, irá amanhecer, pois no "Senhor sou mais que vencedor" (Romanos 8:37); "Sei em quem acreditei" (2 Timóteo 1:12), e "Tudo posso naquele que me fortalece" (Filipenses 4:13).

Que este livro traga fé, alegrias e certezas para muitas vidas. Quanto mais você sorrir com as histórias que conto nestas páginas, mais aprenderá que o bom humor é uma herança impregnada em nossa vida pelo DNA de Deus. Lembre-se sempre do náufrago que caiu do barco da vida e prometeu a Deus que, se fosse salvo, nunca mais assistiria a um jogo de futebol, não olharia para nenhuma mulher, pararia de beber e não contaria mais piadas. E Deus disse a ele: "Para que, então, você quer se salvar?"

Na ternura de Deus!
Rev. Aldo Quintão

"A mentira tem vida curta."
Provérbios 12:19

A mãe entra no ônibus com o filho e diz:
– Filho, quando o trocador perguntar sua idade, responda que tem cinco anos, certo?
– Certo, mãe – responde ele.
O trocador, desconfiado, olha para o menino e pergunta:
– Quantos anos você tem, garoto?
– Cinco.
– E quando vai fazer seis?
– Quando eu descer do ônibus.

No desejo de querer tirar vantagem, fazemos uso de subterfúgios, acreditando que estamos enganando o outro, sem perceber que, antes de enganar os outros, enganamos a nós mesmos. Não notamos que quando cometemos essa falha estamos investindo num futuro recheado de frustrações inflacionadas com altos juros e correção monetária. Como a verdade muitas vezes incomoda, preferimos a mentira, que camufla a realidade. Lembre-se, porém, de que somente na verdade podemos crescer como ser humano, adquirindo dignidade, personalidade e caráter.

> *"Poderia dar tudo o que tenho e até mesmo entregar o meu corpo para ser queimado, mas, se eu não tivesse amor, isso não me adiantaria nada."*
>
> 1 Coríntios 13:3

O rapaz estava numa festa, dançando. Então um amigo chegou perto dele e perguntou:
– Por que hoje você só está dançando com mulher feia?
Ele respondeu:
– Ué, você não disse que era uma festa de caridade?

Enquanto a ostra não se abrir para que a pérola seja burilada e possa adornar lindos pescoços, ela apenas carregará uma pedra desconhecida nas profundezas do oceano. Precisamos abrir o coração para o amor e a caridade e, assim, sair das profundezas do nosso eu, do nosso egocentrismo. Só então iremos brilhar nos salões da vida, adornando com mais intensidade e beleza os relacionamentos humanos.

> *"Quem é cuidadoso no que fala evita muito sofrimento."*
>
> Provérbios 21:23

O médico atende um velhinho milionário que havia começado a usar um revolucionário aparelho de audição.
– E aí, seu Almeida, está gostando do aparelho?
– É muito bom.
– Sua família aprovou?
– Ainda não contei para ninguém, mas já mudei meu testamento três vezes.

Sempre achamos que o machucar se refere apenas a uma questão física e nos esquecemos das dores emocionais que provocamos com machucados que não são físicos. Com uma única palavra muitas vezes podemos ferir os sentimentos mais profundos de uma pessoa, causando uma dor difícil de cuidar e sem tratamento medicamentoso. Nossas palavras têm a força de construir ou de destruir, podem fechar portas e derrubar pontes, são capazes de arruinar relacionamentos afetivos, familiares e profissionais. O cuidado com aquilo que falamos evita que coloquemos a autoestima das pessoas no patamar da dor e do sofrimento. Essa atenção é capaz de nos fazer estreitar e reforçar nossos vínculos com quem amamos.

> "*Em sua avareza pelo dinheiro, esses falsos mestres vão explorar vocês contando histórias inventadas.*"
>
> 2 Pedro 2:3

O turco vai se confessar.
— Padre, há vinte anos eu abriguei um refugiado de guerra. Qual o meu pecado?
— Meu filho, não há pecado nisso. Você fez uma caridade.
— Mas, padre, eu cobrei aluguel dele!
— Tem razão, meu filho. Isso é pecado. Reze três ave-marias e um pai-nosso.
— Só mais uma pergunta. Devo dizer a ele que a guerra acabou?

Como é bom quando subimos na vida, somos promovidos, recompensados e reconhecidos pelos anos de estudos e esforços. Como é bom termos uma casa aconchegante, o carro dos nossos sonhos, roupas de qualidade, um plano de saúde digno. Como é bom podermos viajar nas férias para os lugares que sempre desejamos conhecer. Mas se tudo isso for consequência de puxarmos o tapete de nossos colegas de trabalho, de sermos corruptos ou de usarmos as pessoas como se fossem objeto, não teremos felicidade. Aquele que age assim pode comprar comida, mas jamais se sentirá saciado; pode comprar produtos de beleza, mas nunca gostará do que vê no espelho. Pode até comprar o mais belo jazigo, mas não comprará a vida eterna. Não dá para ser feliz a partir da infelicidade alheia. É impossível obter a graça divina por meio da desgraça humana.

> "*Deus pega os sábios nas suas espertezas e acaba com as suas intrigas.*"
>
> Jó 5:13

Para testar um novo empregado, o dono da empresa mandou depositar R$500 a mais no salário dele. Passam-se os dias e o funcionário não relata nada.

No mês seguinte, o dono faz o inverso: manda depositar R$500 a menos. No mesmo dia, o funcionário entra na sala para falar com o patrão.

– Doutor, acho que houve um engano. Descontaram R$500 reais do meu salário!

– É mesmo? Curioso é que no mês passado depositei esse mesmo valor a mais, e você não falou nada!

– Pois é, doutor, é que um erro eu tolero, mas dois já acho um absurdo!

A intriga cria inimizades, desconfianças e, muitas vezes, espalha o ódio. Se temos súditos que são desunidos, desconfiados e que se odeiam, que tipo de reino temos? Esperteza é diferente de sabedoria, assim como liderar é diferente de manipular. Não existe lar, ambiente de trabalho nem local de convivência social que resista aos invejosos e às suas intrigas.

Quantas vezes, na ânsia de alcançar algo, agimos como falsos espertos e nos tornamos cegos, sem perceber que estamos nos afastando do caminho da verdade, da honestidade e do respeito? Muitos que se consideram "espertos" estão dispostos até mesmo a prejudicar os outros para alcançar seus sonhos. O que eles não sabem, no entanto, é que quando conquistam seu objetivo, recebem como consequência a própria infelicidade.

> *"Mas eu lhes digo que qualquer um que ficar com raiva do seu irmão será julgado. Quem disser ao seu irmão: 'Você não vale nada' será julgado pelo tribunal. E quem chamar o seu irmão de idiota estará em perigo de ir para o fogo do inferno."*
>
> Mateus 5:22

O caboclo morava num sítio perto da cidade. Quando terminou seu trabalho na roça, pegou o galão de leite, colocou-o no carro e foi para casa. Ele dirigia distraído no momento em que chegou ao asfalto. Freou, mas o carro não parou. Outro carro vinha em alta velocidade pela estrada e... *bang*! Os dois bateram. O motorista do carro desceu enfezado, esbravejando:

– Seu idiota! Como é que você entra na pista desse jeito? Olhe para essa sua lata velha! Ela não paga nem o arranhão no meu carro novo.

Então o caipira disse:

– Calma, moço, sente aí, vamos refrescar um pouco a cabeça, que eu também estou nervoso.

Ele pegou uma pinga que tinha dentro do carro e a ofereceu ao homem da cidade. Em pouco tempo, a garrafa estava vazia.

– Agora vamos resolver o problema da batida. Como é que você vai pagar?

O caipira imediatamente respondeu:

– Vamos esperar a polícia chegar para ver quem é que está errado. Aliás, vamos aproveitar e fazer o teste do bafômetro, pois o senhor está bêbado demais!

A Bíblia nos ensina que, se eu disser que amo Deus mas odiar meu irmão, serei um mentiroso. Somos todos iguais, vivemos neste pequeno planeta rodeado de sóis, galáxias e todo o firmamento imenso, inexplorado e desconhecido. Não sou superior pelo que possuo ou pelo que conquistei com minha inteligência, e sim por repartir o que consegui, pois o que sou recebi graciosamente do Criador. Ter mais bens e conhecimento não me faz mais humano. Porém, ter a capacidade de praticar a caridade e o bem, isso, sim, me torna uma pessoa mais digna da vida e merecedora da prosperidade.

> *"Jesus disse: 'Parem de julgar pelas aparências e julguem com justiça.'"*
>
> João 7:24

O velório estava acontecendo na igreja e o padre começou a fazer o sermão final:
– É, gente, o finado era um excelente cristão, exemplar, um marido fiel, tratava bem a esposa...
A viúva, então, interrompeu o padre:
– Seu padre, vamos ter que abrir esse caixão, porque não é possível que o senhor esteja falando do meu marido!

Muitas vezes, Jesus foi discriminado por ser filho de carpinteiro e ter vindo de uma pequena cidade. Mesmo assim, fez muitos milagres e ajudou muitas pessoas. Precisamos ter muito cuidado com os julgamentos e preconceitos, pois a embalagem nunca vale mais que a essência de um produto.

> *"Quem ama o dinheiro nunca ficará satisfeito; quem tem a ambição de ficar rico nunca terá tudo o que quer. Isso também é ilusão."*
>
> Eclesiastes 5:10

Jacó está morrendo na cama. Agonizando, ele chama Isaac, seu filho mais velho, e diz:
— Isaac, agora que eu estou morrendo, quero lhe mostrar uma coisa. Está vendo este relógio? Foi do seu tataravô. Depois passou para o seu trisavô. Em seguida, para seu bisavô. Depois foi do seu avô. Agora é meu. É bonito, não é, Isaac?
O filho, emocionado, responde:
— Sim, papai. É...
— Quer comprar?

Caixão não tem gavetas e não levaremos nada deste mundo. Nós viemos do pó e ao pó retornaremos. O pão que sobra na nossa casa está em falta na despensa do nosso irmão. O excesso de roupas no nosso armário esvazia o armário do nosso próximo. A avareza faz com que o mundo se torne menos solidário e fraterno. O egocentrismo nos distancia da convivência saudável com a família e os amigos. Pensamos que o ouro e a prata nos fazem companhia, mas, se apenas os tivermos junto de nós, e nada mais, seremos como um manequim em uma loja de grife: alinhados, na moda, mas inertes e solitários.

> "Eu ouvi falar de tudo o que você fez pela sua sogra desde que o seu marido morreu. E sei que você deixou o seu pai, a sua mãe e a sua pátria e veio viver entre gente que não conhecia. Que o Senhor a recompense por tudo o que você fez."
>
> Rute 2:11-12

Um homem pega o telefone, desesperado.
– Socorro! Minha sogra quer se suicidar... Ela quer se atirar da janela!
O homem do outro lado diz:
– Ok, mas o senhor errou o número... Aqui é da carpintaria!
– Eu sei! É que a janela não quer abrir!

A população mundial já passou dos 7 bilhões de habitantes, e até hoje não foram descobertos dois seres idênticos. Nem mesmo gêmeos univitelinos são totalmente iguais. Então precisamos ter bom senso, pois muitas vezes nossa distração nos faz generalizar, ter ideias preconcebidas e colocar todos numa vala comum. Nem tudo o que reluz é ouro, nem tudo o que balança cai. Portanto, não se deixe levar por preconceitos: tente enxergar além, amplie sua percepção e aumente sua capacidade de sentir. Dê sempre ao outro uma chance de mostrar seu valor.

> *"Essas regras têm, de fato, aparência de sabedoria, com sua pretensa religiosidade, falsa humildade e um modo duro de tratar o corpo."*
> Colossenses 2:23

Na hora do almoço, apenas um jovem advogado está no escritório. Sem nada para fazer, fica olhando pela janela, até que vê um homem humilde entrar no saguão. Arruma a gravata e fica entreouvindo os passos do homem. Assim que o outro se aproxima, o advogado corre para o telefone, fingindo atender alguém.

– Estou numa ligação importante. Por favor, espere na recepção, que eu já chamarei o senhor. – E continua na falsa conversação.

O homem, no entanto, permanece parado na porta. Simulando o final do telefonema, o jovem advogado pergunta:

– Em que posso ajudá-lo, senhor?

– Eu vim consertar o telefone.

Quem você pensa enganar, enganando-se? É possível enganar muitos durante muito tempo, mas impossível enganar todos durante todo o tempo. O mais perigoso, porém, é enganar a si próprio, olhar-se no espelho e enfrentar a dura realidade de ser uma farsa. Nada como sermos humildes e nos reconhecermos como eterno projeto em construção. Ou seja, a cada dia precisamos buscar crescer como profissionais e como seres humanos. Podemos representar muito bem no teatro da vida, mas é no nosso palco pessoal que nos encaramos e a verdade surge – e aí pode doer muito na alma e no corpo.

> *"Cada um se alegra com a resposta que dá,*
> *mas a palavra oportuna é a melhor."*
>
> Provérbios 15:23

Um burro morreu em frente à igreja e uma semana depois o corpo ainda estava lá. O padre pensou: "Alguém precisa tomar uma providência." Ligou para a prefeitura avisando da morte do burro. O prefeito, só para perturbar, perguntou:
– Padre, não é sua obrigação cuidar dos mortos?
Ele respondeu:
– É, sim, mas é minha obrigação também avisar a família.

A palavra que sai de nossa boca causa efeitos, reverbera e não volta sem causar repercussão. Para nos incitar a medir o teor de nossas palavras, a Bíblia ensina que a boca só fala aquilo de que o coração está cheio. Quem fala o que não deve corre o risco de ouvir o que não quer. Quem não gosta de ouvir um elogio? Como é bom, gostoso e gratificante ajudar o próximo a elevar sua autoestima, a reconduzir e a renovar sua vida. Nós temos o poder da palavra e, com ele, a possibilidade de exaltar ou de rebaixar alguém. Mas é uma graça imensurável quando utilizamos esse poder para fazer o bem sem olhar a quem.

"Não explorem as viúvas, nem os órfãos, nem os estrangeiros que moram com vocês, nem os pobres. E não façam planos para prejudicar os seus patrícios."

Zacarias 7:10

Um argentino estava no deserto com uma sede danada, doido por um pouco de água. De repente ele viu algo que parecia ser um oásis. Cheio de esperança, foi até lá, mas descobriu que se tratava de um camelô brasileiro. O argentino pediu:
– Por favor, estou morto de sede. Pode me dar um pouco de água?
O brasileiro respondeu:
– Rapaz, água eu não tenho, mas por que você não compra uma gravata? Olhe, tenho uma aqui que combina demais com a sua roupa!
O argentino ficou furioso.
– Eu não quero gravata nenhuma, seu idiota! Eu quero água. Água!
– Está bem, se não quer comprar gravata, paciência... Vá andando em frente que daqui a uns 10 quilômetros você irá encontrar um restaurante. Lá você vai poder tomar água à vontade.
Ele seguiu viagem. Dali a umas cinco horas o camelô viu o argentino se arrastando de volta, louco de sede, gritando:
– Brasileiro, seu sacana, naquele restaurante não se entra sem gravata!

Tratar bem o estrangeiro é mais do que tratar bem o turista, pois ele nos traz divisas e retorna em outras férias. Cristo foi claro e preciso quando afirmou "só faça a seu próximo aquilo que você gostaria que ele fizesse a você". É muito difícil estar em um lugar estranho, que tenha uma língua estranha e uma cultura tão diferente da nossa. Mas é na acolhida que essas diferenças se dissipam, pois a ternura rompe todas as barreiras e nos torna próximos e iguais.

> "*O preguiçoso coloca a mão no prato, mas acha difícil demais levá-la de volta à boca.*"
>
> Provérbios 26:15

Quatro homens assaltam um banco e param o carro alguns quilômetros à frente. Um deles pergunta ao chefe da quadrilha:
– E aí? Vamos contar o dinheiro?
– Para que ter esse trabalhão? Vamos esperar o noticiário da TV.

O único lugar no qual o sucesso vem antes do trabalho é no dicionário. Tudo o que vem muito fácil também vai embora com facilidade. A preguiça de hoje é mãe das agruras e dos desconfortos de amanhã. Não vá procurar no campo aquilo que você não plantou. O ontem já passou e o amanhã pode não chegar. Portanto, a hora de trabalhar, de arregaçar as mangas e de suar é agora, para que a preguiça não seja a causa de um futuro sem perspectiva e qualidade de vida.

Assuma o controle do seu arado e trabalhe a terra, plantando, regando e colhendo o fruto do seu suor e do seu trabalho. Regale-se com o pão que suas mãos produziram e alegre-se com sua capacidade de subsistir por merecimento.

> "Os tolos pensam assim: 'Para mim, Deus não tem importância.' Todos são corruptos e as coisas que eles fazem são nojentas; não há uma só pessoa que faça o bem."
>
> Salmos 14:1

Um prefeito do interior queria construir uma ponte e chamou dois empreiteiros, um americano e um brasileiro.

O americano disse:

— Faço por 3 milhões de dólares. Um milhão pela mão de obra, 2 milhões pelo material. Mas o serviço é de primeira.

Já o brasileiro disse:

— Eu faço por 9 milhões de dólares!

O prefeito, surpreso, disse:

— Nove milhões? É caro demais! Por quê?

— Três milhões para mim, 3 milhões para você e 3 milhões para o americano fazer a obra.

Quando o famoso conquistador Alexandre, o Grande, morreu, seu corpo passou diante da multidão com as mãos para fora do caixão. Antes de morrer, ele pediu que deixassem suas mãos para fora porque queria mostrar a todos que saímos deste mundo do mesmo modo que chegamos: de mãos vazias. Portanto, precisamos entender o que é ser fiel depositário daquilo que recebemos nesta vida e o que deve ser feito com o dom que nos foi dado em nosso DNA divino. Quando detemos algum poder, devemos usar as prerrogativas que esse poder nos concede para fazer o bem a quem dele depender. Enriquecer por meio da mentira, do sofrimento e do sangue e suor dos outros pode trazer conforto material, mas jamais irá oferecer consolo emocional ou espiritual.

> *"Jesus disse: 'Os mestres da lei e os fariseus têm autoridade para explicar a Lei de Moisés. Por isso vocês devem obedecer e seguir tudo o que eles dizem. Porém não imitem as suas ações, pois eles não fazem o que ensinam.'"*
>
> Mateus 23:2-3

O marido chega em casa e encontra a esposa nervosa, tensa, alterada.
Ela se vira para o marido e diz:
– Você não vai acreditar no que aconteceu: a nova lavadeira roubou duas toalhas!
O marido, indignado, responde:
– Mas que ladra sem-vergonha! Isso é um absurdo! Quais foram as toalhas?
– Aquelas que trouxemos do hotel no Rio de Janeiro.

Para termos a consciência tranquila é impossível sermos pais de família, gerentes de empresas, fiéis de igrejas ou líderes sem vestir a camisa daquilo que anunciamos e em que acreditamos. Não seja como aquele general que chama sua tropa para a batalha e diz: "Preparemo-nos! Vão!"
Não há nada mais fácil do que falar; difícil mesmo é viver o que se prega. A canção pode ser linda e melodiosa, mas ela não define o caráter do cantor. Busque viver com coerência, seja autêntico. Além de se tornar referência para as pessoas que estão ao seu redor e que aprendem com seu exemplo,

você ainda terá paz de espírito ao se olhar no espelho e se reconhecer como alguém que vive de acordo com seu propósito maior e por isso respeita a pessoa mais importante da sua vida: você mesmo.

> "*Gente louca! Até quando vocês continuarão nesta loucura? Até quando terão prazer em zombar da sabedoria? Será que nunca aprenderão?*"
>
> Provérbios 1:22

O sujeito está andando pela rua e encontra um amigo. Empolgado, começa a contar:
— Nossa, ontem eu fiz uma coisa diferente. Mandei uma carta para mim mesmo.
O amigo, surpreso, pergunta:
— E o que estava escrito?
E ele responde:
— Não sei, ainda não recebi.

Neste mundo capitalista e competitivo em que vivemos, tirar uma parte do que se ganha para ajudar os outros, dedicar horas ou dias do próprio tempo em prol dos mais necessitados, ter paciência com os ignorantes e idosos, dar especial atenção ao órfão e à viúva é, para muitos, coisa de "louco". Enquanto isso, tudo gira em torno do dinheiro, das metas a cumprir, do superávit e da preocupação com as bolsas de valores.

Realmente as coisas de Deus são loucuras para este mundo, mas são um bálsamo para o coração, uma vez que baixam o ritmo cardíaco, controlam o estresse e trazem paz espiritual. Experimente fazer uma dessas loucuras aumentando sua dedicação à caridade e você provavelmente notará a diminuição dos medicamentos que toma.

> *"Naquele mesmo domingo, à tarde,*
> *os discípulos de Jesus estavam reunidos de portas*
> *trancadas, com medo dos líderes judeus.*
> *Então Jesus chegou, ficou no meio deles e disse:*
> *'Que a paz esteja com vocês!'"*
>
> João 20:19

Um amigo comenta com o outro:
– Ontem telefonei para Gertrudes. Acho que ela não estava em casa, a ligação caiu na caixa postal e ouvi uma mensagem estranha.
– Como assim, estranha?
– Dizia algo mais ou menos assim: "Não posso atender agora, mas agradeço sua ligação. Estou fazendo algumas mudanças na minha vida. Por favor, deixe seu recado após o sinal. Se eu não ligar de volta é porque você é uma das mudanças."
O outro, curioso, imediatamente comenta:
– Nossa! E ela ligou de volta?
– Não ligou, não. Mas eu preferi nem deixar recado.

Se você fosse traído por amigos ou sócios, qual seria sua reação? Imagine se você fosse preso ou acusado injustamente e seus parentes e amigos se recusassem a testemunhar a favor de seu caráter e de sua honestidade. Vendo-se livre da acusação, como se comportaria ao encontrar quem lhe negou ajuda? Todos os discípulos abandonaram Jesus quando ele foi acusado, julgado, condenado e crucificado. Nenhum deles ajudou Cristo a carregar a cruz. No reencontro, após sua ressurreição, Jesus não cobrou nada, não julgou nem reclamou. Apenas disse: "A paz esteja convosco." Muitas vezes traímos Jesus: quando enganamos as pessoas, quando perdemos a esperança e desistimos de lutar, quando não buscamos a qualidade de vida e deixamos que nossa autoestima seja destruída, quando nos fechamos e permitimos que o medo tome conta de nós. Deus não nos condena nem coloca mais carga sobre nossos ombros. Apenas nos olha com profundo amor e nos diz: "A paz esteja convosco."

> "*Eu sou o bom pastor. O bom pastor dá a vida por suas ovelhas. O assalariado, que não é pastor e a quem as ovelhas não pertencem, vê o lobo chegar e foge.*"
>
> João 10:11

Durante um voo, o comandante avisa que o avião está caindo, deixando todos os passageiros em pânico. De repente, um homem se levanta e diz:
– Sou religioso. Tenhamos fé e façamos um culto a Deus neste momento.
Ele então olha o solo se aproximando rapidamente. Vendo a queda iminente do avião, diz:
– Irmãos, comecemos pela arrecadação do dízimo.

O amor de Deus é incondicional. Ele nos ama e nos aceita como somos. Não negocia conosco, pois não precisa do nosso dinheiro e das nossas posses. Ele quer o nosso bem e é o pastor por excelência, Aquele que, quando as atribulações da vida, o estresse, a depressão, a angústia e as dores se acercam de nós, como lobos prestes a atacar, apascenta suas ovelhas. Ele nos reanima, nos nutre, sacia nossa sede num riacho cristalino e nos oferece um pasto no qual ficamos livres das feras ao longo da nossa jornada.

"Quem bebe demais fica barulhento e caçoa dos outros; o escravo da bebida nunca será sábio."

Provérbios 20:1

~~~

Afonso, o bebum da família, entra cambaleante na sala, tropeça em uma mesa e derruba duas jarras, que se espatifam no chão.
— Ai, meu Deus! — exclama a tia. — Minhas jarras de Sèvres, antiquíssimas!
E o biriteiro responde, aliviado:
— Ainda bem que eram velhas, né, tia?

Todo excesso faz mal ao corpo, à alma e à mente, pois, quando não usamos a sabedoria e a razão, a consequência é o sofrimento físico. Debilitado, o corpo não oferece condições para a busca da sabedoria humana e da espiritualidade divina. Beber socialmente, com moderação e por opção, não por imposição, não faz necessariamente nenhum mal e não é pecado. No entanto, entregar-se à bebida e ser dominado por ela é. Também é falta de inteligência destruir o que Deus nos deu de mais belo: nosso corpo, que é uma máquina incrível.

Qualquer jugo, qualquer escravidão diminui nossa capacidade de discernimento e atrapalha nossa busca pelo conhecimento. O vício nos tira a capacidade de escolher e a sensibilidade de reconhecer o que nos foi dado por meio do livre-arbítrio. É uma fraqueza que nos afasta da graça divina, tirando-nos a chance de ter qualidade de vida. Toda dependência nos limita, nos enfraquece e nos faz adoecer física, emocional e espiritualmente, tornando-nos escravos de nós mesmos. Retome o controle da sua vida, liberte-se e assuma o poder de ser o senhor de si.

> *"Confio Nele e não terei medo de nada.*
> *O que podem me fazer simples seres humanos?"*
>
> Salmos 56:11

O rapaz vai passar por uma delicada cirurgia e o médico tenta tranquilizá-lo:
– Não tenha medo. Sou muito experiente nessa área. Olhe para minha longa barba e tenha confiança. Quando você voltar da anestesia, conversaremos.
Após a cirurgia, o rapaz abre os olhos e depara com uma enorme barba branca.
– Obrigado, doutor! Eu sabia que podia confiar no senhor!
– Que doutor que nada, homem! Eu sou São Pedro!

Quem não tem dificuldades na vida? Quem nunca disse: "Parece que hoje não é o meu dia" ou "Hoje eu não deveria ter saído de casa!"? Porém, quando confiamos e temos fé, mantemos a autoconfiança e a certeza de que sempre haverá uma saída para todos os problemas e as dificuldades da vida. É salutar e benfazejo aprendermos a parar de falar para Deus o tamanho de nossos problemas e passarmos a falar para nossos problemas o tamanho de Deus.

> "*Deus é contra os orgulhosos, mas é bondoso com os humildes.*"
>
> Tiago 4:6

Três paulistas estão querendo contar vantagem para o mineiro.
O primeiro paulista diz:
– Eu tenho muito dinheiro. Com a crise americana, acho que vou comprar o Empire State!
O segundo paulista afirma:
– Eu sou muito rico. Vou comprar o Rockefeller Center!
E o terceiro paulista:
– Eu sou magnata. Vou comprar toda a Wall Street!
Os três ficam esperando a resposta do mineiro.
O minerim dá uma pitada no cigarro de palha, engole a saliva, faz uma pausa e diz:
– Num vendo... num vendo... num vendo...

É na humildade que nosso coração se abre para se tornar morada de Deus, que se faz presente e acaba com todo o orgulho e o egoísmo. A humildade é o melhor antídoto contra o orgulho e a arrogância. Ser humilde não é ser desprovido de bens materiais, assim como a opulência não torna a pessoa melhor. Caráter e bondade não podem ser comprados nem vendidos, mas podem ser adquiridos de várias maneiras – entre elas, pela prática da fraternidade e da solidariedade.

> "*O Senhor Deus diz: 'Eu não abençoarei aquele que se afasta de mim, que confia nos outros, que confia na força de fracos seres humanos.'*"
>
> Jeremias 17:5

No hospital, ao acordar da anestesia, o sujeito começa a xingar, a gritar, a fazer o maior fuzuê. O cirurgião vem acalmá-lo.
– Controle-se, meu amigo. Acabei de tirar seu apêndice.
– Por isso mesmo! Eu só vim aqui entregar um telegrama!

Existe uma certeza que precisamos assumir dentro de nós: o ser humano é passível de erro. É isso mesmo. Por mais incrível que possa parecer, aceite de uma vez por todas que errar é humano, sim. Grande parte dos problemas emocionais vem da convivência com pessoas que não sabem lidar com os erros cometidos por si mesmas ou pelos outros. Quem não conhece alguém emocionalmente destruído por uma traição ou por um relacionamento que deu errado?

Todo ser humano é potencialmente frágil, e colocar muita expectativa em seus ombros irá fragilizá-lo ainda mais. Somos, sim, seres imperfeitos, e devemos admitir e respeitar nossas limitações e fragilidades, do contrário viveremos em uma tristeza sem fim. Compreenda que somos como elos de uma corrente na qual a força está no todo, no conjunto, e não apenas em um único elo, que pode se romper se receber, sozinho, toda a carga. A força da humanidade emana da corrente suprema que é Deus, e cada um de nós é um frágil e solitário elo.

> *"Escutem! Eu estou mandando vocês como ovelhas para o meio de lobos. Sejam espertos como as cobras e sem maldade como as pombas."*
>
> Mateus 10:16

O vendedor ambulante diz para a dona Marocas:
— Gostaria de adquirir uma apólice de seguro?
— Não. Já tenho uma.
— E a enciclopédia *Barsa*, em nova encadernação?
— Não, senhor. Muito obrigada.
— E uma bateria eletrônica, com 837 ritmos diferentes?
— Claro que não! Não quero nada!
— Para se ver livre de mim, a senhora compraria um sabonete?
— Compro até dois!
— Obrigado, madame. É isso mesmo que eu vendo. Custa 5 reais.

Recebemos os ensinamentos de Deus para que não tenhamos maldade em nosso coração, mas também para que estejamos atentos a tudo o que ocorre ao nosso redor. Precisamos aprender com as obras de Deus uma forma de mesclar bondade, mansidão, sabedoria e esperteza. Ser bom é diferente de ser bobo. Ser esperto é aprender a respeitar a voz que vem da parte mais íntima do nosso coração, independentemente dos julgamentos que farão sobre nós.

Deus nos deu dons, talentos e sabedoria suficientes para

acordarmos para as belezas deste mundo. Esse acordar, esses ensinamentos e esse dom de Deus devem ser usados para o nosso bem, para o bem de nosso próximo e de tudo o que nos cerca. Essa é a melhor forma de estarmos em paz com nós mesmos.

> "*Diz o Mestre: 'Vaidade da vaidade, tudo é vaidade.'*"
> Eclesiastes 1:2

Uma senhora dirige a toda pela estrada. Um guarda a faz parar.
– Quando a senhora passou pelo posto rodoviário, calculei uns noventa, no mínimo!
– Errou feio, seu guarda. Só tenho 37.

Gostar da nossa imagem refletida no espelho é muito bom; cuidar do corpo é sinal de inteligência e de uma autoestima saudável. O perigo é quando colocamos todas as nossas fichas numa só aposta: a de que a aparência é tudo em um ser humano.

A vaidade não está acima da honradez, do amor ao próximo e do bom caráter. Não existe rosto nem roupa bonita que embelezem uma pessoa egoísta e autocentrada. Gostar de si é bem diferente de ser narcisista ou egocêntrico. Cuide da embalagem, mas jamais se esqueça de que o mais importante é cuidar da essência. A soma do nosso caráter com as nossas atitudes do dia a dia demonstra claramente a beleza existente dentro de nós.

> *"Então ele fez um chicote de cordas e expulsou toda aquela gente dali e também as ovelhas e os bois. Virou as mesas dos que trocavam dinheiro, e as moedas se espalharam pelo chão."*
>
> João 2:15

Numa cidadezinha do interior nordestino, o coronel entra na igreja e diz ao padre que quer batizar seu cachorro. O padre fica tiririca.
— O senhor está doido? Isso é sacrilégio!
— Eu pago mil reais, padre.
— Pode trazer o cachorro.
O caso chega aos ouvidos do bispo, que manda chamar o padre.
— Que disparate é esse? Batizar um animal por mil reais?
— Pois é, seu bispo. Mas agora está feito, não tem mais jeito.
— Como não tem mais jeito? O que você fez com o dinheiro?
— Metade eu gastei e a outra metade trouxe para o senhor.
O bispo dá um tapinha nas costas do padre e diz:
— Pois avise ao coronel que no mês que vem tem crisma.

Não existe em nenhum banco do mundo uma conta-corrente que tenha sido aberta por Deus. São as instituições religiosas que fazem isso para seu sustento e para a prática da caridade. No entanto, em decorrência das fraquezas humanas, infelizmente pode acontecer de usarmos o nome de Deus e da pseudofilantropia para enriquecer. Nem todos os religiosos são mercadores da fé, mas muitos pagam pelo desvio de poucos. Inúmeros são os que deixam de fazer um mundo melhor por escolherem seguir esses poucos que fazem um grande estrago. Não expulse de sua vida a prática da caridade que o faz crescer como ser humano por causa de alguns vendilhões da fé. Troque de CNPJ religioso, ou seja, troque de "placa de igreja", mas não abra mão da fé, do amor e da solidariedade, pois é na omissão dos bons que os maus proliferam.

> *"Para envergonhar os sábios, Deus escolheu aquilo que o mundo acha que é loucura; e, para envergonhar os poderosos, Ele escolheu o que o mundo acha fraco."*
>
> 1 Coríntios 1:27

A empregada acerta no milhar e vai pedir as contas à patroa.
– Agora, com todo esse dinheirão, vou ser madame também.
– Como foi que você teve esse palpite, Dolores?
– Foi um sonho que eu tive. Sonhei que estava numa padaria. Quando acordei, joguei no "trigue".
– Mas o que a padaria tem a ver com o tigre?
– Ué, e pão não é feito de "trigue"?

Não é incomum que, ao descer ao túmulo, o corpo do poderoso receba uma pá de terra jogada por alguém cujo salário é menor que o valor da roupa que veste o morto. Muitas vezes, o doutor, o empresário, o sacerdote, ao serem cremados, têm suas cinzas recolhidas por um semianalfabeto, que continua a usufruir a vida e a alegria de viver. Muitas vezes aquele que é fraco aos olhos dos poderosos se torna forte para que esses mesmos poderosos tenham auxílio no momento de fraqueza.

Aqui está um dos ensinamentos de Deus: somos todos interdependentes neste planeta em que vivemos. O tempo todo precisamos uns dos outros para seguirmos nossos caminhos, mesmo que nos julguemos fortes e autossuficientes. Deus nos mostra que não existe nenhum forte que não precise da ajuda de um "fraco". Ele nos mostra também que esse "fraco" sempre pode ajudar alguém. Esteja atento à forma como trata aqueles que você julga inferiores, pois um dia eles poderão ser sua única chance de obter ajuda.

> *"Jesus disse: Felizes as pessoas humildes, pois receberão o que Deus tem prometido."*
>
> Mateus 5:5

O sujeito entrou no curso de alfabetização. Ficou todo convencido porque estava aprendendo a ler. Então encontrou um amigo e perguntou, esnobe:
– Compadre, você sabe quem foi Pedro Álvares Cabral?
– Não.
– É isso que dá não estudar. Você sabe quem foi Cristóvão Colombo?
– Também não
– Está vendo? É isso que dá não estudar!
Aí o compadre, irritado, apelou:
– Você sabe quem é João da Silva?
– Sei não.
– É o nome do caboclo que vai lá para a sua casa enquanto você está no curso de alfabetização!

Quando nos sentimos autossuficientes e achamos que podemos prescindir de Deus e das coisas emanadas pelas promessas divinas, trazemos um vazio para nossa vida. No entanto, quando nos damos conta de quão vazios nos tornamos por apenas acumular bens materiais, passamos a ter uma sede insaciável daquela felicidade prometida por Deus.

Ser humilde não é sinônimo de ser desprovido de bens, pois os arrogantes e os prepotentes vivem tanto nas periferias quanto mas mansões suntuosas. Ser humilde é reconhecer nossas fraquezas e limitações, na certeza de que só em Deus nos saciamos e trazemos sentido para nossa vida. É muito bom quando conseguimos conquistar os bens materiais com o suor do nosso rosto, mas é ainda melhor quando eles estão aliados aos bens espirituais que vêm das promessas de vida abundante emanadas de Deus.

"Portanto, não tenham medo de ninguém. Tudo o que está coberto vai ser descoberto; e tudo o que está escondido será conhecido."

Mateus 10:26

Uma senhora chega ao batalhão dizendo:
– Capitão, vim visitar meu neto, Celso Brito. Ele serve no seu regimento, não serve?
– Serve, sim, mas hoje saiu de licença para ir ao enterro da senhora!

A maior decisão de um ser humano é não temer a escuridão da noite, pois o sol carrega a certeza do amanhecer. Respeitar o próximo, o oponente ou o concorrente é diferente de ter medo dele. O respeito nos faz buscar a vitória, ao passo que o medo prenuncia a derrota. É esse medo que muitas vezes nos leva a lançar mão da mentira em nossas lutas diárias. No entanto, a verdade é transparente e aparece na primeira oportunidade. Nesse momento nossas fraquezas são expostas, e então não resistimos e desmoronamos.

Esteja em permanente estado de alerta, respeite o próximo e, principalmente, a si mesmo. Essa é a melhor forma de andar de mãos dadas com sua paz interior.

> *"Aqueles que planejam o mal acabarão mal, porém os que trabalham para o bem dos outros encontrarão a felicidade."*
>
> Provérbios 12:20

A esposa, que andava muito chateada com o marido, encontra o gênio da lâmpada, que se dispõe a conceder-lhe três desejos. Ele a avisa de que tudo o que ela pedir o marido receberá em dobro.
Ela pede, então, uma linda casa, e o gênio lhe diz que o marido terá duas casas.
O segundo pedido é uma conta bancária com 10 milhões de reais, e o gênio a lembra de que o marido ganhará 20 milhões.
Para finalizar, ela pede ao gênio:
– Eu gostaria de ter um pequeno infarto agora.

O sorriso de um idoso já cansado e calejado, a alegria de uma criança que vislumbra um imenso horizonte à frente, o triunfo de uma pessoa com necessidades especiais que recebeu uma oportunidade, o espaço aberto para que as minorias possam sonhar em ter igualdade de condições – feliz e abençoado seja todo ser humano que, de uma forma ou de outra, contribui para que esses fatos aconteçam!
Aguardemos que os soberbos e os egocêntricos também sintam essa felicidade. As portas estão abertas para que todos possam ter a oportunidade de se converter e trabalhar pelo bem do próximo. Só quem já praticou uma boa ação sabe que o maior beneficiado não é quem a recebe, mas quem a pratica.

> *"Isaías, faça com que esse povo fique com a mente fechada, com os ouvidos surdos e com os olhos cegos, a fim de que não possa ver, nem ouvir, nem entender. Pois, se pudessem, eles voltariam para mim e seriam curados."*
>
> Isaías 6:10

Um mendigo se aproxima de uma madame que está cheia de sacolas na saída de um shopping e lhe diz:
– Senhora, estou sem comer há quatro dias.
Ela olha para o homem e comenta:
– Nossa! Eu gostaria de ter a sua força de vontade!

Tem gente que parece viver em outro mundo, de tão fechada que é sua mente. Diz o ditado popular que o pior cego é aquele que não quer ver. Sabemos também que nem todos os que ouvem conseguem entender. Como é doloroso ver uma pessoa alienada, que não consegue sentir nem aprender! Todos nós nascemos com olhos, ouvidos e mente, mas é preciso querer enxergar, ouvir e ampliar os horizontes. É preciso querer ser curado das doenças emocionais que herdamos, adquirimos ou criamos. Precisamos buscar incessantemente no Criador a cura dessas enfermidades. Só assim poderemos permanecer no caminho que nos dignifica.

> *"Quem tem sabedoria é comedido no falar e quem tem entendimento é de espírito sereno."*
>
> Provérbios 17:27

Um homem entra em um restaurante de frutos do mar e pede siri. Quando o prato chega, o cliente vê que o siri tem apenas uma garra e imediatamente questiona o garçom, que responde:
– Sabe, meu senhor, nas profundezas do oceano impera a luta pela sobrevivência. Certamente este siri que lhe servimos entrou em luta com outro siri maior e o resultado é que o perdedor ficou sem uma das garras.

O cliente, interessado na história que acabara de ouvir, vira-se para o garçom e diz:
– Ah, é? Então leve este de volta e traga o que ganhou a briga!

Ninguém é tão sábio que não tenha algo para aprender. E ninguém é tão ignorante que não tenha nada a ensinar. É impossível para um pesquisador da indústria farmacêutica embrenhar-se na floresta à procura de plantas medicinais sem a ajuda do mateiro, geralmente analfabeto. Quanto mais o homem se aprofunda na busca da sabedoria, mais questionamentos surgem e mais amplo se mostra o universo.

A malandrice é uma artimanha muitas vezes usada com o único propósito de levar vantagem, independentemente da dor que ela possa causar. Já a sabedoria é o resultado de uma busca contínua. Encontrada e adquirida aos poucos, nos ensina que devemos partilhá-la, para o bem e a evolução de todos.

"Jesus respondeu: 'As Escrituras Sagradas afirmam: O ser humano não vive só de pão, mas vive de tudo o que Deus diz.'"

Mateus 4:4

Um juiz interroga o acusado:
— O senhor entrou na padaria e roubou pão do balcão porque tinha fome?
— Sim, Excelência.
— E na saída aproveitou para roubar a caixa registradora?
— Vossa Excelência sabe que nem só de pão vive o homem, não é?

Não dá para viver sem comida, e nada melhor que uma reeducação alimentar para manter a saúde equilibrada e a balança num peso que não nos atormente. Muitas vezes o desequilíbrio emocional nos leva também ao desequilíbrio alimentar, o que nos faz esquecer que comemos para viver, e não vivemos para comer.

Cuide de tudo o que ingere pela boca, mas esteja atento também àquilo que você absorve pelos olhos, pelos ouvidos e pelo tato, porque, de alguma forma, tudo será bem-digerido ou maldigerido por você. Tenha equilíbrio na sua vida e comece a buscar essa harmonia no alimento espiritual, que sacia a fome e a sede de Deus, única fonte que traz uma digestão mais saudável para o bem do corpo e da alma. Lembre-se sempre de que mente sã é corpo são.

> *"Jovem, aproveite a sua mocidade e seja feliz enquanto é moço. Faça tudo o que quiser e siga os desejos do seu coração. Mas lembre-se de uma coisa: Deus o julgará por tudo o que você fizer."*
>
> Eclesiastes 11:9

Todos os alunos do 3º ano do ensino médio estavam na fotografia da turma. A professora, com as fotos na mão, tentava convencê-los a comprar uma cópia.

– Imaginem que bonito será vocês verem essa foto quando forem adultos... Poderão dizer: "Esta é a Cristina, hoje ela é advogada; este é o Francisco, hoje ele é médico; este é o Marquinhos, hoje ele é dentista..."

De repente, ouve-se uma vozinha vinda do fundo da sala:

– E esta era a professora. Já morreu!

Não existe velhice que não tenha sido antecedida pela mocidade; só conhecemos a dor porque sabemos o que é saúde. Todo ato tem consequência. Se toda ação gera uma reação, precisamos ter consciência de cada atitude tomada para evitarmos aborrecimentos e frustrações e não experimentarmos depois reações que nos desagradam.

Capinamos, aramos, plantamos e cultivamos hoje o que vamos colher no entardecer de nossas vidas. O julgamento nada mais é que a colheita final de Deus. Por isso, enquanto aguardamos a vida eterna (a colheita final), é bom irmos colhendo as delícias que plantamos nesta vida terrena.

> *"Domingo bem cedo, quando ainda estava escuro, Maria Madalena foi até o túmulo e viu que a pedra que tapava a entrada tinha sido tirada."*
>
> João 20:1

Dois amigos estão conversando e um pergunta ao outro:
– Por que Jesus apareceu primeiro para uma mulher?
O outro pensa um pouco e responde:
– Para que a notícia se espalhasse mais rápido.

Ainda hoje se discute por que o salário dos homens é superior ao das mulheres, bem como a supremacia da presença masculina nos cargos de chefia, nos parlamentos e em todas as profissões mais qualificadas. No tempo de Jesus era bem pior. Em se tratando de uma prostituta, como Maria Madalena, o preconceito era muito grande. Por que, então, o privilégio de ser a primeira pessoa a presenciar a ressurreição de Cristo foi concedido a uma mulher tão discriminada? Quem sabe não seja uma analogia ao primeiro livro da Bíblia, o Gênesis, que diz que Deus fez a mulher da costela do homem? Isso significa que somos iguais, que não há superioridade de nenhuma das partes. As diferenças existem para completar, e não para desvalorizar. Que tenhamos cada vez mais humildade para aprender com o outro, independentemente do gênero de cada um.

> *"...mas Deus nos corrige para nosso próprio bem, para que participemos da Sua santidade."*
>
> Hebreus 12:10b

Um sujeito entrou na drogaria e se dirigiu ao farmacêutico:
– Você tem alguma coisa para soluço?
Sem mais nem menos, o farmacêutico se aproximou e deu-lhe um susto.
– Ajudou? – perguntou ele.
– Não sei – respondeu o homem, espantado. – Vou ter que perguntar à minha mulher, que está esperando lá fora no carro.

Não há bondade em nos alegrarmos com as falhas dos outros e nada pode justificar nossa omissão diante de quem erra. Temos a obrigação de alertar e de corrigir fraternalmente, para que o outro possa consertar seu erro e se tornar uma pessoa melhor. A correção de Deus se manifesta por meio da intervenção humana feita com amor e caridade, com o único objetivo de evitar que novos erros aconteçam e tragam males ainda maiores para nossas vidas. Sejamos copartícipes dessa Santidade Divina, não só corrigindo, mas também aceitando as limitações e os erros apontados por aqueles que nos conhecem bem.

> *"Mas ninguém ainda foi capaz de dominar a língua. Ela é má, cheia de veneno mortal, e ninguém a pode controlar."*
>
> Tiago 3:8

Uma mulher encontrou uma antiga amiga e, sem pensar, disse:
– Mas, Zuleika, você engordou demais!
Vendo como a amiga ficou sem graça, a mulher tentou disfarçar e disparou:
– Ah, mas é bom engordar, para esconder as rugas, né?

Hitler só conseguiu seguidores por meio de seu discurso porque soube vender suas loucuras como ideais envolventes. A língua humana tem um poder que reverbera ao longo de gerações. Por intermédio dela podemos fazer com que o outro se sinta o máximo ou um zé-ninguém. A língua que abençoa é a mesma que amaldiçoa, a que elogia é a mesma que carrega dor e infâmia. A língua que traz é a mesma que leva, a que resume a mensagem é a mesma que a aumenta.

A língua é sua: cuide dela ou ela poderá devorá-lo, pois, assim como uma pedra atirada, a palavra proferida não tem retorno.

> *"E Jesus terminou, dizendo: 'Assim,*
> *aqueles que são os primeiros serão os últimos,*
> *e os últimos serão os primeiros.'"*
>
> Mateus 20:16

Um padre morreu depois de muitos anos de sacerdócio e foi para o céu. Encontrou um anjo, que lhe falou:
– Seu padre, sente aí que São Pedro logo vai atendê-lo.
Ele achou estranho e pensou: "Mas era para eu ser recebido com uma festa, né?"
O padre se sentou num sofá e ficou esperando. Então chegou um homenzinho magrelo, que já foi entrando.
"Ah, mas é um desaforo, não é possível!", pensou o padre.
Indignado, foi falar com o anjo.
– Escute, quem é aquele sujeito que passou na minha frente?
– Ah, ele era taxista lá em São Paulo.
Irritadíssimo, o padre começou a rosnar:
– Mas é o cúmulo do absurdo! Eu fui padre por muitos anos, dediquei minha vida à palavra de Deus. Pensei que seria recebido com uma festa! E um simples taxista passa na minha frente, enquanto eu tenho que ficar aqui esperando!
Depois de recuperar o ar, ele terminou seu discurso:
– Ele não é melhor que eu!
O anjinho, com todo o afeto e respeito, retruca:
– Olhe, eu acho que é, sim, hein, padre... Porque quando o senhor rezava, todo mundo na missa dormia. E com ele não era assim: quando ele dirigia, todo mundo rezava!

Quando nos apossamos da ideia de ser o coco da cocada, a cereja do bolo e o oxigênio do planeta, nos arvoramos de primícias da humanidade. Porém, nosso ego, nossa soberba e nossa autossuficiência nos trazem um vazio tão grande que nos tornamos os últimos dos últimos. E não há nada que nos faça furar a fila da vida, pois, quando ela anda, nos estagnamos em nós mesmos.

Não dá para querer ser o melhor em tudo e não há razão para vivermos competindo, em busca do pódio da ilusão. Compreenda que muitas vezes é com humildade e ternura que conquistamos o nosso crescimento e o daqueles com quem convivemos.

> *"Quem pode ver os próprios erros?*
> *Purifica-me, Senhor, das faltas que*
> *cometo sem perceber."*
>
> Salmos 19:12

A professora perguntou ao aluno:
— Quem botou fogo em Roma?
O menino imediatamente respondeu:
— Não sei, professora.
Então a professora pensou: "Esse menino não deve estar estudando direito."
Ela resolveu conversar com os pais do garoto.
— Olhe, o senhor tem que dar um jeito no seu filho. Perguntei a ele quem botou fogo em Roma e ele não respondeu.
O pai, um matuto, disse na mesma hora:
— Pode apertar o moleque, dona! Pode apertar, que ele conta!

É claro que muitas vezes erramos sem perceber, por isso a reflexão diária de nossos atos, nossas palavras e nossas omissões é de suma importância para o nosso bem e para o bem daqueles que convivem conosco. Não tentar identificar nossos erros involuntários para corrigi-los é o mesmo que alimentar o erro voluntário de acreditar que somos infalíveis.

Para Deus, não importa a altura da qual caímos, e sim a nossa vontade de levantar e de não cometer o mesmo erro novamente. Sempre que alguém lhe disser que você errou, reflita sobre isso, mesmo que não concorde com o que foi dito. Desarme-se e analise a situação como alguém de fora, e é bem provável que você descubra que o outro tem alguma razão.

> *"O Senhor é a minha rocha, a minha fortaleza e o meu libertador. O meu Deus é uma rocha em que me escondo. Ele me protege como um escudo; Ele é o meu abrigo, e com Ele estou seguro."*
>
> Salmos 18:2

Havia um palestrante muito famoso que viajava o país inteiro fazendo conferências. Seu motorista, que o acompanhava aonde quer que ele fosse, certo dia lhe disse:

— Doutor, eu já sei a sua palestra de cor! Já memorizei palavra por palavra.

Então o palestrante falou:

— Olhe, é bom saber disso, porque hoje estou um pouco rouco e você me ajudaria muito se fosse lá na frente e fizesse a palestra por mim. Eu vou ficar aqui no fundo assistindo.

O motorista tirou seu uniforme, colocou o terno e foi para o palco. E fez a palestra muito direitinho. Todo mundo aplaudiu de pé. Só que, quando terminou, um espertinho sentado lá na frente falou:

— Eu tenho uma pergunta.

A pergunta era difícil demais. Então, para sair bem da situação embaraçosa, o motorista falou:

— Que é isso, rapaz? Uma pergunta tão simples dessa até meu motorista responde! Responde para ele aí, senhor!

Não há nada pior que a insegurança, que é a razão de grande parte dos fracassos e das frustrações do ser humano.

Quem não gosta de ter uma proteção, um escudo, um abrigo, uma fortaleza?

Quando colocamos nossa segurança neste mundo humano, vemos quanto precisamos daquela segurança que emana do transcendente. Estou falando daquela força que é invisível aos olhos, mas que acalma a mente e o coração. Mesmo que eu não veja meu protetor e não toque Nele, só a certeza de Sua presença nos momentos de dificuldade já sossega minha alma. Confie no Criador, e Ele estará sempre ao seu lado, dando-lhe a segurança de que você precisa em todas as situações da sua vida.

> *"Não julguem os outros para vocês não serem julgados por Deus. Por que é que você vê o cisco que está no olho do seu irmão e não repara na trave de madeira que está no seu próprio olho?"*
>
> Mateus 7:1;3

Um homem estava se queixando ao outro:
– Aonde esse mundo vai parar? Não se pode confiar em mais ninguém!
E o outro respondeu:
– O que foi, que revolta é essa?
– Imagine que hoje de manhã me passaram uma nota falsa de 100 reais!
– Mas era falsa mesmo?
– Era!
– Posso ver?
– Não dá, acabei de passá-la adiante.

Como é fácil vermos os defeitos dos outros, julgarmos, condenarmos e até aplicarmos a pena! Quantas vezes gastamos um tempo enorme para fazer o diagnóstico completo do perfil daqueles que estão à nossa volta e não dedicamos nem um segundo sequer a uma autoavaliação? Como é difícil, como dói e como somos autocomplacentes quando o defeito é nosso! Nada é mais simples do que apontar o dedo para os erros dos outros, mas é extremamente penoso reconhecermos nossas limitações.

Será que aceitaríamos o mesmo julgamento que impomos aos outros? Aumentaríamos, diminuiríamos ou suspenderíamos a pena? Precisamos cuidar diariamente de nossos atos antes de apontarmos o dedo para os erros alheios.

> *"Não perturbe o vosso coração! Credes em Deus, credes também em mim. Na casa de meu Pai há muitas moradas. Não fosse assim, eu vos teria dito."*
>
> João 14:1-2

O homem já estava dentro do táxi havia vinte minutos e o motorista não tinha dito nem uma única palavra. Nem sequer havia olhado para trás. Então o passageiro tocou em seu ombro com o intuito de falar sobre o percurso. O motorista soltou um grito e deu uma freada brusca. Depois de respirar fundo, ele explicou:
– Nossa! Por favor, perdoe o grito e a freada. É que trabalhei por vinte anos num carro funerário e hoje é meu primeiro dia como taxista.

Muitos aceitam sofrer nesta vida, à espera de uma condição mais feliz na vida eterna. Outros passam pela vida em um silêncio absoluto, presos ao seu mundinho, a ponto de esquecerem que estamos rodeados de gente. Alguns vivem como se o aqui e o agora bastassem; para eles, nada mais interessa além de aproveitarem ao máximo esta vida, preocupando-se apenas com o próprio umbigo.

O ideal é termos moderação, pois o céu é uma continuidade da Terra. Quando almejamos uma vida eterna na ressurreição com Cristo, precisamos buscar diariamente a qualidade de vida terrena. Antes de anunciar que nos céus nos aguardam lindas moradas, Jesus também anunciou que veio para que tenhamos vida, e vida em abundância.

> *"As mulheres devem ficar caladas nas reuniões de adoração. Elas não têm permissão para falar. Como diz a Lei, elas não devem ter cargos de direção. Se quiserem saber alguma coisa, que perguntem em casa ao marido. É vergonhoso que uma mulher fale nas reuniões da igreja."*
> 1 Coríntios 14:34-35

Maria, que falava pelos cotovelos, levou o marido ao médico.
— Então, o senhor está passando muito mal?
Antes mesmo de o médico terminar, Maria respondeu:
— Está sim, doutor! Tem muita dor de barriga, fica o dia inteiro se sentindo mal...
— Faz muito tempo que o senhor está assim?
Maria se meteu na conversa novamente:
— Faz meses que ele está assim. O homem não está prestando para nada!
O médico então perguntou:
— Escute, quantos anos o senhor tem?
— Tem 55, vai fazer 56 na semana que vem — respondeu Maria prontamente.
Então o médico fez uma receita e a entregou a ela.
— Estou receitando um sonífero, porque o seu marido precisa de repouso absoluto!
— Mas, doutor, é para ele tomar quando? — perguntou a mulher.
— Não é para ele. É para a senhora.

É muito importante interpretarmos a palavra de Deus levando em consideração as mudanças sociais, econômicas e culturais. Há dois mil anos, a mulher não trabalhava fora nem estudava. Era apenas a progenitora e a responsável pelos cuidados do lar. Faltava assunto extra em casa.

Quando a mulher é respeitada, valorizada e igualada perante Deus, também é vista como igual no seio da sociedade. Hoje a mulher vem conquistando seu espaço e demonstrando quão valiosa e capacitada ela é. Que assim seja!

> *"Eu não podia compreender, ó Deus; era como um animal, sem entendimento."*
>
> Salmos 73:22

O repórter estava entrevistando a mulher e perguntou:
— A senhora quer dizer então que nesses cinquenta anos de casamento vocês nunca brigaram?
— Não, meu filho, nesse tempo todo não tivemos nenhuma briga.
— Mas nada, nada, nem uma contrariedade sequer?
— Ah, só uma. Quando nos casamos, meu marido tinha uma égua de estimação que era o que ele mais adorava na vida. Fomos para a lua de mel em uma carroça puxada pela égua que ele tanto amava. Depois de um tempo, ela tropeçou. Então ele olhou para a égua e disse: "Uuum." Mais adiante, ela tropeçou de novo e ele olhou firme para ela e falou: "Dooois." Eu não estava entendendo nada. Andamos mais um pouco, e ela tropeçou pela terceira vez. Ele ficou muito bravo. Aí pegou a espingarda e deu cinco tiros no animal. Eu levei um susto muito grande e perguntei: "Mas, marido, o que é isso, que ignorância é essa?" Então ele olhou para mim e disse: "Uuuum." Nunca mais brigamos.

Na correria do dia a dia, nos vemos em situações que servem como gatilhos que nos fazem perder a razão – seja um desentendimento com um amigo, seja uma discussão no trânsito – e, sem percebermos, nos afastamos da nossa consciência. Um ser humano sem consciência é como um animal irracional, que se preocupa apenas em lutar ou correr para sobreviver. O ato de pensar nos faz viver e nos traz o entendimento que possibilita alcançarmos uma vida com abundância.

Nenhum ser humano nasceu para se apequenar. Nossa essência é buscar o conhecimento e a felicidade, a fim de acumularmos uma vida que tenha mais qualidade que quantidade. Todos sabemos que o que diferencia o ser humano dos animais é a razão, mas o que nos diferencia uns dos outros é a forma como usamos a razão para amar e respeitar o próximo. Cuide sempre da sua racionalidade, de modo a não ser levado por emoções inadequadas, que podem encaminhá-lo para uma estrada sem retorno.

"Não se embriaguem, pois a bebida levará vocês à desgraça; mas encham-se do Espírito de Deus."

Efésios 5:18

O Zeca morreu de tanto beber cachaça.
Dois amigos bêbados se encontram no velório.
– Puxa, você viu a cara do Zeca? Está com uma aparência horrível!
– Também pudera! – diz o outro. – Já faz dois dias que ele não bebe!

Embriagar-se do Espírito de Deus não é uma dádiva para poucos, e sim para toda a humanidade. Não é privilégio de alguns ter a centelha da presença divina, pois ela está em todos os seres vivos. Cabe ao ser humano desejar ardentemente esse vício de Deus, permitindo inebriar-se da presença divina em todo o seu ser. Se é para tomar um porre, embriague-se de Deus e tenha enxaqueca de bênção e paz.

> "*Senhor, até quantas vezes pecará meu irmão contra mim, e eu hei de perdoar? Até sete? Respondeu-lhe Jesus: 'Não te digo que até sete; mas até setenta vezes sete.'*"
>
> Mateus 18:21-22

O marido se senta ao lado da mulher que costura à máquina.
– Devagar! Cuidado, a linha vai arrebentar! Vire o pano para a direita. Pare! Puxe o pano!
– Quer parar?! – grita a mulher. – Eu sei costurar!
– É claro que sabe, meu bem – retruca o marido. – Eu só queria que você soubesse como me sinto, porque você faz exatamente isso quando estou dirigindo!

Na tradição judaico-cristã, o número 7 simboliza a plenitude. É claro que essa é uma convenção humana e uma forma didática de mandarmos mensagens positivas para nosso cérebro. Quem não perdoa infinitamente não tem consciência de que somos todos criaturas imperfeitas em busca da perfeição, que é composta de erros e acertos. Quem não perdoa ao próximo provavelmente tem muita dificuldade de se perdoar. E isso pode tornar o ser humano cruel consigo mesmo e com os outros, o que ajuda a criar uma sociedade de pessoas amargas, impiedosas e com uma qualidade de vida muito baixa. É oferecendo a todos uma nova oportunidade de acertar que construímos uma comunidade menos traumatizada, menos neurótica e com qualidade de vida sempre crescente.

> *"Deixo-vos a paz, dou-vos a minha paz.*
> *Não é à maneira do mundo que eu a dou.*
> *Não se perturbe, nem se atemorize seu coração."*
>
> João 14:27

Estava acontecendo o maior bafafá na casa do Brito. Ele, a mulher e a sogra discutiam aos berros quando a campainha tocou. A empregada foi atender.
– Por favor, eu queria falar com o dono da casa.
– O senhor pode voltar mais tarde?
– Por quê? Ele saiu? – estranha o visitante, ouvindo a gritaria lá dentro.
A empregada explica:
– Não, senhor. É que eles estão decidindo exatamente este assunto: quem é o dono da casa.

O desejo é motivo de muitas brigas, que ficam ainda mais intensas quando o que se deseja é mais poder. Quem mais grita menos tem razão. Quem mais se exalta não desce do pedestal, e sem igualdade não se chega a um meio-termo. Não podemos permitir que a emoção sobrepuje a razão, nem que a razão sufoque a emoção.
É preciso dar lógica ao coração e amor ao cérebro, pois essa fusão trará a temperança que irá apaziguar e amenizar nossa mente e nosso coração. Nós não somos invadidos pelo amor sem autorização: na verdade, damos permissão para que ele entre em nossa vida e nos domine por inteiro. Faça

uma busca saudável: procure pela paz de Deus em Deus, pois a paz do mundo é baseada nas fragilidades humanas, e a paz de Deus é incondicional e eterna.

"Então não seremos mais como crianças, arrastados pelas ondas e empurrados por qualquer vento de ensinamentos de pessoas falsas. Essas pessoas inventam mentiras e, por meio delas, levam outros para caminhos errados."

Efésios 4:14

O psiquiatra informa o velho paciente cleptomaníaco:
– Tenho ótimas notícias! Você está completamente curado. Pode tirar a prova entrando em uma grande loja de departamentos e observando todas as seções. Você verá que a compulsão para roubar objetos terminou.
– Puxa, que maravilha! Muito obrigado, doutor. Obrigado mesmo!
– Só mais uma coisinha: se você tiver uma recaída, eu adoraria um celular novo.

Como sabemos que é impossível mudar o rumo dos ventos, inventamos a vela e a utilizamos para fazer o vento trabalhar a nosso favor – ele é o propulsor, mas a vela é o direcionador. Com o dom recebido, deixamos de velejar pelos mares da vida ao sabor dos ventos, pois passamos a navegar em direção ao destino que traçamos, rumo ao nosso desejado porto seguro.

Acredite mais em você, respeite os seus sentimentos, assuma a direção das velas da sua vida – conduza, em vez de ser conduzido. Dessa forma você estará cada vez mais próximo da autorrealização.

*"Quem ama é paciente e bondoso.
Quem ama não é ciumento, nem
orgulhoso, nem vaidoso."*

1 Coríntios 13:4

Um casal está completando bodas de prata. A esposa pergunta ao marido:
— Querido, que presente eu vou ganhar pelos nossos 25 anos de casamento?
O homem responde:
— Uma viagem à Índia, meu amor.
Surpresa com aquele presente maravilhoso, a esposa resolve fazer outra pergunta:
— Mas, meu amor, isso é muito... Se nas bodas de prata eu vou ganhar uma viagem à Índia, o que você vai me dar quando fizermos bodas de ouro?
— A passagem de volta.

Estamos sempre desejando que o outro mude suas atitudes ou seu modo de agir – ficamos de lupa em punho apontando seus erros e esperando que as mudanças ocorram. Porém, não podemos nos esquecer de que muito provavelmente o outro nos vê da mesma forma: como alguém que tem comportamentos que devem ser modificados. É bem possível que o outro possua em relação a você as mesmas expectativas que você tem sobre ele.

Permita que seu coração ouça isto: acredite no amor. Só o

amor tem o poder de mudar qualquer situação e de desativar o mecanismo de autodefesa que dispara dentro de nós quando ouvimos algo de que não gostamos. Só o amor é capaz de apagar nossas angústias e frustrações e, assim, abrir espaço para que possamos ouvir o outro. Só o amor nos leva na direção da nossa profunda evolução.

> *"Feliz aquele que confia em Deus, o Senhor, que não vai atrás dos ídolos, nem se junta com os que adoram falsos deuses!"*
>
> Salmos 40:4

Todos os dias o sujeito ia para o ponto de ônibus, e todos os dias passava um homem de carro e dizia:
– Ei, corno manso!
O rapaz estava ficando irritado. Foi tirar satisfação com a esposa.
– Ô, mulher, não estou entendendo. Todo dia passa um sem-vergonha me chamando de corno manso!
Ela respondeu:
– Não ligue, meu bem, aquele cara é louco. Ele deve dizer isso a todo homem que está parado esperando o ônibus.
No dia seguinte ele estava no ponto e o cara gritou:
– Ô corno manso! Além de corno, é fofoqueiro!

Partindo do pressuposto de que como seres humanos somos frágeis, pecadores e falíveis, devemos continuar a viver em comunidade, mas entendendo que erros sempre existirão. Só podemos depositar confiança total em Deus, ou nos decepcionaremos ao esperar que pais, irmãos, cônjuges e amigos sejam minideuses e, portanto, infalíveis. Não podemos nos deixar levar nem pela neurose da desconfiança obsessiva, nem pela idolatria que nos cega e que certamente trará dor e decepção. Precisamos ter a consciência de que somos humanos imperfeitos em permanente processo de evolução.

> *"Então Jesus chamou as crianças para perto de si e disse: 'Deixem que as crianças venham a mim e não proíbam que elas façam isso, pois o reino de Deus é das pessoas que são como estas crianças.'"*
> Lucas 18:16

A avó canta músicas de ninar junto ao berço do netinho, que a interrompe:
– Vovó, vai cantar lá fora, que agora eu quero dormir!

Temos muito a aprender com a sinceridade das crianças. Em seus atos e palavras encontramos a essência do caráter humano sem máscaras ou representações. William Shakespeare afirmou que a vida é um palco no qual todos encenamos, mas Jesus afirma que é nas crianças que encontramos espontaneidade e verdade. Criança não vai no colo de quem não gosta ou não confia, ao passo que muitas vezes damos o braço a pessoas de quem não gostamos, apenas por etiqueta, por conveniência ou por simples interesse.

Eu o convido a olhar para dentro de si. Veja que a criança que você foi está aí, tímida, mas ainda dentro de você. Seja novamente essa criança, faça as pazes com ela, que é você. Viva sua essência e respeite seu caráter. Essa é uma das mais belas formas de se aproximar do reino de Deus.

> *"Exercita-te na piedade. Se o exercício corporal traz algum pequeno proveito, a piedade, esta sim, é útil para tudo, porque tem a promessa da vida presente e da futura."*
>
> 1 Timóteo 4:8

Dona Filomena, com seus 75 anos, tinha um genro tão bondoso que o homem ia todos os dias a um bar que ficava a quatro quilômetros de onde moravam só para comprar cigarro para ela. Certo dia, a velha faleceu.

O genro, ao fechar o caixão, pôs dentro dele um pacote de cigarros com 20 maços. Foi então que sua esposa se aproximou e disse:

– Você realmente gostava da mamãe!

Ele respondeu que sim.

– Então, coloque uma caixa de fósforos junto, para ela poder acender os cigarros! – sugeriu a mulher.

– Fique tranquila, querida! Ela não vai precisar de fósforos, porque aonde vai há muito fogo.

É por meio da piedade que procuramos enxergar com os olhos de Deus, escutar com Seus ouvidos, falar com Sua boca, tocar com Suas mãos e fazer tudo como imaginamos que Ele faria. A piedade nos ensina a ter compaixão de nós mesmos e do próximo, não nos cobrando excessivamente nem colocando peso no ombro alheio. Ser piedoso é procurar amar como Deus amou – esse é um exercício que traz paz física, emocional e espiritual.

> *"Meus queridos irmãos, nunca se vinguem de ninguém; pelo contrário, deixem que seja Deus quem dê o castigo. Não deixem que o mal vença vocês, mas vençam o mal com o bem."*
>
> Romanos 12:19; 21

Um casal estava viajando. De repente os dois começaram a brigar, e depois veio aquele silêncio. Eles continuavam emburrados quando passaram por uma fazenda na qual havia vários porcos. O marido resolveu provocar:
– Aqueles ali são seus parentes?
Ela retrucou na hora:
– Sim. São meus cunhados.

Não há nada mais complicado do que aconselhar a si mesmo. Ser senhor dos próprios atos é algo dificílimo. Seria muito bom se tivéssemos autocontrole, fôssemos capazes de vigiar nossos atos e orientar nossos impulsos, evitando sentimentos como raiva e ciúme. Ter sob controle os próprios sentimentos é mais importante que liderar pela opressão. Muitas vezes, o silêncio é a melhor estratégia – não para gerar medo, mas para evitar o desgaste resultante de uma discussão inútil.

Não cair nas armadilhas do cotidiano e não participar de confrontos sem sentido são desafios que vivenciamos a todo o momento. Precisamos desenvolver a habilidade de estar permanentemente vigilantes, de modo a nos esquivarmos da maldade, tendo como único objetivo fazer o bem, tanto a nós mesmos quanto àqueles com quem convivemos. Vale a pena agir assim, pois essa atitude traz mais felicidade e tranquilidade a nós e aos outros.

> *"Não haja divisões entre vocês.*
> *Sejam completamente unidos num só*
> *pensamento e numa só intenção."*
>
> 1 Coríntios 1:10b

Um sujeito viajava de férias com a família. No carro, além da esposa e dos filhos, ia também a sogra. E a velha era do tipo que gritava o tempo todo, não parava de berrar e espernear.

O cara já estava ficando nervoso, mas a esposa sempre conseguia acalmá-lo. Até que o homem não aguentou mais. Parou o carro de repente, abriu a porta, foi até o porta-malas e falou para a sogra, que estava lá dentro:

– Está bem! Pode ir lá na frente com os outros!

Promover a comunhão entre as pessoas é uma das mais difíceis batalhas humanas. É o gesto mais nobre que o mundo almeja hoje. O estresse, a angústia, o cansaço físico e emocional e as metas a cumprir nos deixam num estado de tensão constante. Qualquer fagulha já detona uma grande explosão, com resultados muitas vezes inimagináveis. Todos temos capacidade de discernimento suficiente, mas é imperativo que cada um de nós a exercite diariamente, para que possamos entrar em comunhão com todos aqueles que estão ao nosso redor.

> *"Pois o amor ao dinheiro é uma fonte de todos os tipos de males. E algumas pessoas, por quererem tanto ter dinheiro, se desviaram da fé e encheram a sua vida de sofrimentos."*
>
> 1 Timóteo 6:10

O marido pergunta à mulher:
– O que você quer ganhar no seu aniversário?
– Um radinho!
– Só um radinho?
– É... desses pequenininhos que têm um carro do lado de fora!

Não é o palácio, nem a mesa de madeira de lei, nem tampouco as iguarias preparadas com primor pelo melhor chef e muito menos a baixela e os talheres de prata que trarão paz de espírito e satisfação emocional. Engana-se quem vive em função do dinheiro, na busca ensandecida da prosperidade, achando que encontrará aí a resposta para seu vazio interior. Estará se aprofundando mais e mais no fosso da mediocridade. Tenha isto sempre em mente: a felicidade independe de nível social, mas está acessível a todos os homens de fé e boa vontade. Dinheiro é consequência; felicidade é opção.

*"Assim, quando você fizer uma promessa
a Deus, cumpra logo essa promessa."*

Eclesiastes 5:4

O filho da patroa foi reclamar com a empregada:
– Sua traidora! Você tinha prometido que não ia contar para a minha mãe a que horas eu cheguei em casa!
– Mas eu não contei! Quando ela me perguntou, eu só disse que estava tão ocupada preparando o café da manhã que nem vi que horas eram!

O combinado nunca é caro. Quando damos nossa palavra, devemos cumpri-la, assumindo o ônus e o bônus desse ato. Podemos até ser alvo de críticas e perder algumas "amizades", porém o que importa é mantermos a palavra dada. Isso demonstrará nossa firmeza de caráter e nossa integridade e, como o tempo é o senhor da razão, só teremos a ganhar, no futuro, quando formos reconhecidos como pessoas honradas e de palavra.

> *"Quem não está comigo é contra mim; e quem não recolhe comigo, espalha."*
>
> Lucas 11:14

A garota comenta com a mãe sobre o ceticismo do namorado:
– Mãe, ele diz que não acredita em inferno!
– Case-se com ele, minha filha, e deixe comigo. Eu o farei acreditar.

É famoso o versículo em que alguém se dirige a Jesus e diz: "Creio, Senhor, mas aumentai minha fé." Precisamos todos os dias reforçar esse pedido a Deus, para termos nossa fé fortalecida.

Quando Tomé anunciou que só acreditaria na ressurreição se visse o Cristo e tocasse em suas feridas, ele demonstrou uma fé insegura, calcada na necessidade de ver para crer. Não há empate em questão de fé – ou vence a certeza ou prevalece a dúvida, que certamente agravará ainda mais as dificuldades cotidianas. Ou você é a favor ou é contra, ou recolhe ou espalha, pois quem é mais ou menos com certeza terá uma vida mais ou menos e uma qualidade de vida mais ou menos. É na fé e pela fé que encontramos forças para suplantar os obstáculos da vida e nos retroalimentamos para seguirmos sempre em frente.

"Vale mais ter paciência do que ser valente."
Provérbios 16:32

O caubói entra no bar, aos berros:
— Quem foi o engraçadinho que pintou meu cavalo de verde?
Levanta um bandidão de dois metros de altura, já com as mãos nos revólveres e diz:
— Fui eu! Por quê?
— É só para avisar que a primeira mão já secou...

Quando nos sentimos superpoderosos e acima do bem e do mal, ficamos cegos e colocamos toda a nossa confiança nas coisas deste mundo. Ao menor sinal de abalo dessas certezas, ou no aparecimento de uma doença, caímos do pedestal. Todos os corajosos, todos os valentões enfrentam intempéries que os fazem vacilar, tremer e pedir socorro. A boa notícia é que a defesa e a salvação estão sempre à disposição de um coração puro e humilde. Cultive sempre a humildade. É nos momentos mais difíceis que somos testados para verificar se nossa humildade é de fato verdadeira.

> *"Não julgueis e não sereis julgados; não condeneis e não sereis condenados; perdoai e sereis perdoados."*
>
> Lucas 6:37

O padre recém-nomeado ouvia da assistente a relação de problemas da igreja que requeriam atenção.
— Seu telhado precisa de reparos, padre — disse ela. — Seu aquecedor está com defeito e sua lareira não funciona.
— Senhora Kelly — interrompeu o padre —, a senhora trabalha nesta paróquia há cinco anos. Por que não dizer "nosso aquecedor" e "nossa lareira"?
Algumas semanas depois, quando o pároco estava em reunião com o bispo e diversos outros padres, a senhora Kelly adentrou o salão paroquial muito nervosa.
— Padre! Há um rato em nosso quarto, embaixo da nossa cama!

Quando Jesus nos alerta que ao julgarmos e condenarmos os outros estamos sujeitos à reciprocidade, ele está apenas nos lembrando de que somos todos fracos, frágeis e propensos ao pecado. Isso sem falar que muitas vezes podemos cometer a injustiça em dobro, julgando e condenando alguém inocente. Quando exercitamos o perdão, ganhamos mais do que aquele que foi perdoado, pois é perdoando o próximo que expiamos nossos erros. É por meio desse gesto que exercemos de forma sublime nossa condição humana.

> *"Filhinhos, não amemos só com palavras e de boca, mas com ações e de verdade!"*
>
> 1 João 3:18

Um sujeito vai até um pai de santo querendo se livrar de uma praga que lhe rogaram 40 anos antes. O pai de santo diz a ele:
– Tudo bem, mas eu preciso saber quais as palavras exatas que foram usadas na praga.
O sujeito responde sem hesitar:
– "Eu vos declaro marido e mulher."

A vivência do amor é uma conquista diária, que está no olhar, no escutar, no tocar, no compreender e, principalmente, no ir ao encontro da pessoa amada. É fácil fazer declarações de amor, recitando frases de efeito ou poemas. No entanto, nem todo amor declarado é vivenciado. O verdadeiro amor se traduz em atos que se baseiam na verdade e na pureza do coração. Ele se manifesta quando você está inteiro ao lado da pessoa amada e se entrega aos sentimentos e desejos de estar com ela.

Expressamos nosso sentimento quando abrimos mão dos julgamentos e nos permitimos agir como alguém que não quer apenas amar, mas também demonstrar a todo o instante seu amor e o significado que o ser amado tem em sua vida.

"Nós não temos o direito de matar ninguém."
João 18:31b

~~

Após o sermão dominical, o padre estava se despedindo de sua congregação quando Mary se aproximou. Notando que os olhos da moça estavam cheios d'água, o padre perguntou:
– O que aconteceu, querida?
– Oh, padre! Aconteceu uma coisa terrível!
– E que coisa terrível foi essa, Mary?
– Meu marido morreu ontem à noite.
O padre ficou surpreso.
– Oh, que notícia triste! Ele chegou a fazer um último pedido?
– Sim, padre, ele fez.
– E qual foi?
– Ele disse: "Por favor, Mary, abaixe essa arma!"

Nos casamentos, aquela famosa frase "Até que a morte os separe" não soa muito bem, primeiro porque é muito pesada e fúnebre, e depois porque só o dia a dia vai mostrar quem eu sou e com quem estou convivendo. Ninguém é obrigado a viver com ninguém, pois quando existe amor, não há obrigação, e sim uma escolha. Os demais relacionamentos da nossa vida não são diferentes. Quantas pessoas contaminam os que estão à sua volta com sua pequenez, seu egoísmo e seu mau humor? Não temos o direito de tirar a qualidade de vida e o bem-estar de ninguém, nem por meio do desprezo, nem da humilhação, da difamação ou das mentiras. Agir assim é morrer um pouco a cada dia. Precisamos de vida em abundância, e para alcançá-la temos que viver aquilo que acreditamos ser o melhor para nós. O Criador nos deu o livre-arbítrio para que sejamos capazes de fazer as escolhas mais acertadas. Lembre-se sempre de que Ele habita em nós e só deseja o nosso bem. Esse é o melhor balizador de nossas escolhas.

> *"Quantas faltas e pecados cometi eu?*
> *Dá-me a conhecer minhas faltas e minhas ofensas."*
> Jó 13:23

O rapaz vai à consulta com o psiquiatra e diz:
– Doutor, tenho complexo de feiura.
Imediatamente o psiquiatra responde:
– Que complexo, que nada!

O *bullying* não é uma novidade, pois ele sempre existiu. A zombaria, o escárnio, o caçoar precisam ter limites. O bom humor é o melhor remédio para nossa alma, mas é preciso saber os limites entre a piada com a qual todos se divertem e o comentário que tem por objetivo constranger e humilhar. É preciso sempre lembrar que a escada que a gente sobe é a mesma que a gente desce e que o caçador também pode se tornar a caça. O humor é contagiante e se torna ainda mais poderoso quando deixamos de rir *do* outro e passamos a rir *com* o outro.

"Agora que estou velho, de cabelos brancos,
não me abandones, ó Deus,
para que eu possa falar
da tua força aos nossos filhos,
e do teu poder às futuras gerações."
Salmos 71:18

O casal de velhinhos visita outro casal de velhinhos. Os maridos ficam na sala conversando, enquanto as mulheres preparam um lanchinho na cozinha. Um velhote diz para o outro:
– Aparício, estou fazendo um curso para melhorar a memória que é fabuloso! Você precisa ver, é formidável!
– É mesmo, Ernani? E qual é o nome do curso?
– É... qual é o nome daquela flor que tem espinhos?
– Rosa.
Aí o Ernani grita para a esposa, que está na cozinha:
– Ô, Rosa! Qual é mesmo o nome daquele curso que estou fazendo?

Feliz daquele que não se entrega quando a idade chega, mas que busca motivação todos os dias para melhorar sua qualidade de vida. Como é bom convivermos com pessoas que sabem viver, que têm brilho nos olhos e senso de humor! É muito importante nos prepararmos para a velhice em todos os sentidos, especialmente no nível físico, financeiro, emocional e espiritual, para que o processo de envelhecimento seja belo e vitorioso. Quando atingimos essa fase da vida, chegamos ao ápice da maturidade e do discernimento. É quando nos tornamos capazes de transmitir conhecimento de forma mais contundente – afinal, não aprendemos apenas em livros ou em discursos, mas com as experiências que vivenciamos.

> *"Amem uns aos outros com o amor*
> *de irmãos em Cristo e se esforcem para*
> *tratar uns aos outros com respeito."*
>
> Romanos 12:10

A esposa, querendo agradar ao marido, se fantasiou de mulher-gato. Toda charmosa, perguntou:
– E aí, amor, com quem pareço?
– Do pescoço para cima, com o Zorro. Do pescoço para baixo, com o sargento Garcia.

Assim como a terra anseia pela água para dar vida ao mundo vegetal, as plantas também buscam a água para florir e dar frutos. Da mesma forma acontece a busca incessante do ser humano por afeto. Sem ele, somos como o céu sem estrelas. Todos temos capacidade para amar e ser amados. Precisamos potencializar e desenvolver essa capacidade para o bom convívio da humanidade.

Não desperdice nenhuma oportunidade de demonstrar afeto por meio de um elogio, um abraço ou um carinho. Muitas vezes um pequeno gesto pode ser a única coisa de que a pessoa precisava. Você tem o dom de propagar o amor e de alimentar a alma de todos à sua volta. Use e abuse desse dom.

> *"Nós não devemos ser orgulhosos, nem provocar ninguém, nem ter inveja uns dos outros."*
>
> Gálatas 5:26

Em uma conversa típica entre duas atrizes, uma delas diz:
– Quando apareço no palco, todos os espectadores ficam de boca aberta!
A outra comenta:
– Nossa! Que falta de educação dessa gente, bocejar em público!

Quando a Bíblia diz que a boca fala aquilo de que o coração está cheio (Mateus 12:34), ela se refere também à inveja, um dos grandes males da humanidade. A inveja tem um poder maligno, que consegue destruir até mesmo lares – aliás, nada é mais triste que a inveja entre irmãos. A inveja consegue contaminar o ambiente de trabalho, fazendo com que o local onde passamos cerca de um terço do nosso dia seja tomado pelo estresse, pela angústia e pela ansiedade.

Já que é impossível evitar conviver com os invejosos, tenha consciência de que eles não nos acrescentam nada de bom e que podemos simplesmente descartar as considerações e as intenções destruidoras desse tipo de gente.

> *"Vejam os passarinhos que voam pelo céu: eles não semeiam, não colhem, nem guardam comida em depósitos. No entanto, o Pai de vocês, que está no céu, dá de comer a eles."*
>
> Mateus 6:26

Um compadre chegou para o outro e disse:
– Compadre, vamos à igreja?
O outro respondeu:
– Posso não, compadre. A raposa está comendo minhas galinhas, tenho que ficar vigiando.
– Não, compadre, deixa que Jesus olha!
Então se foram. Quando chegaram à igreja, ouviram o padre dizer:
– Jesus está aqui!
– Ih, compadre, agora danou-se. A raposa vai comer todas as minhas galinhas!

A dúvida é irmã da fé fraca, grande produtora de derrotados. Confiança é entrega. Quem tem dúvida já começa com a força negativa e é arrastado para o fracasso. Decida seguir em frente. Seja quente, seja frio, mas não seja morno, pois água morna produz ânsia de vômito. Não dá para pegar no arado e ficar olhando para trás. A vida é hoje, agora e já. Ela acontece no presente em comunhão com o futuro. O sucesso aguarda na frente, no alto e está disponível *somente* para aqueles que se entregam e confiam plenamente em Deus.

> *"Afaste-se do mal e faça o bem, e você sempre morará na Terra Prometida."*
>
> Salmos 37:25

A velhinha, toda serelepe, entrou na farmácia.
— Vocês têm analgésico?
— Temos.
— Vocês têm remédio para reumatismo?
— Temos.
— Vocês têm Viagra?
— Temos sim, senhora.
— Vocês têm vaselina?
— Temos sim, senhora.
— Têm pomada antirruga?
— Temos, está aqui.
— Vocês têm gel para hemorroida?
— Sim, senhora.
— Têm sonífero?
— Temos também.
— E remédio para memória?
— Temos sim, senhora.
— Vocês têm fralda para adultos?
— Temos.
Nesse ponto o atendente ficou curioso:
— Mas, senhora, aqui é uma farmácia, a gente tem tudo de que a senhora precisa. Qual é o seu problema?
— Sabe o que é, moço? É que vou me casar no mês que vem e

meu noivo tem 95 anos. Então eu queria saber se posso deixar a lista de casamento aqui.

Como é bom gostar da vida e envelhecer com dignidade, decência e bom humor. Como é triste envelhecer tão jovem e deixar de sonhar com um amanhã melhor. Perde-se a esperança na certeza de que, por mais escura que seja a noite, o sol irá raiar. As pessoas envelhecem quando deixam de sonhar e rejuvenescem quando voltam a fazer planos. Como é bom viver a vida e se alegrar com ela! Apesar de todos os obstáculos, sinta, dentro do seu mais profundo ser, que está vivo e saboreie intensamente cada novo dia que lhe é dado.

"Um verdadeiro amigo é mais chegado que um irmão."

Provérbios 18:24b

O homem leva o cachorro ao veterinário e manda cortar o rabinho do animal. E recomenda:
— Olhe, doutor, é para cortar tudo mesmo. Se for o caso, dê uma lixada, para não sobrar nenhum vestígio.
— Mas, afinal, por que isso?
— É que na semana que vem minha sogra vem nos visitar, e eu não quero o menor sinal de alegria lá em casa.

Um ombro amigo não se compra nem está sempre presente nos parentes mais próximos. Muitas vezes ele chega de mansinho, sem alardes nem estardalhaço, de onde menos se espera. Um dos grandes mistérios da vida é que, algumas vezes, a mão que nos oferece ajuda é aquela que jamais cumprimentamos. Fique atento, pois não sabemos de onde pode vir o fogo amigo, e não podemos imaginar quanto somos respeitados e admirados por aqueles a quem não damos atenção.

> "*Marido, ame a sua esposa, assim como Cristo amou a Igreja e deu a sua vida por ela.*"
>
> Efésios 5:25

À noite, enquanto o marido lê o jornal, a esposa comenta:
– Você já percebeu como vive o casal que mora aí em frente? Parecem dois namorados! Todos os dias, quando ele chega, traz flores para ela, e os dois ficam se beijando apaixonadamente. Por que você não faz isso também?
– Mas, querida... eu mal conheço essa vizinha!

Ciúme, orgulho e vaidade, no bom sentido, são sentimentos muito humanos que mostram que nos preocupamos com quem amamos e com nós mesmos. A paciência e a bondade é que vão dosar as ações, de modo que, por meio do amor, não permitamos que os excessos matem os bons sentimentos. Só o amor tem o poder de evitar arroubos que podem destruir o que ele semeou, regou e espera colher: bondade e mansidão.

> *"O homem que ama a sua esposa
> ama a si mesmo."*
>
> Efésios 5:28

Na porta do céu, São Pedro gritou para a multidão de homens que chegava ao local:

— Muito bem, pessoal! Vamos organizar isso em duas filas! Vocês, homens que sempre dominaram suas mulheres, façam fila aqui à esquerda. E os que sempre foram dominados por suas esposas façam fila à direita.

Depois de muita bagunça, finalmente eles se organizaram. A fila dos homens dominados pelas mulheres tinha mais de cem quilômetros. Já a dos homens que dominavam suas mulheres tinha apenas um sujeito.

Vendo aquilo, São Pedro ficou irritado.

— Vocês deveriam ter vergonha! Deus os criou à Sua imagem, e vocês se deixaram dominar pelas mulheres. Apenas um indivíduo aqui honrou o nome de Deus e o deixou orgulhoso de Sua criação. Aprendam com ele! — Então, virando-se para o homem solitário, São Pedro pede: — Conte a esses homens como fez para ser o único nesta fila!

O homem explica:

— Não tenho certeza. Foi minha mulher que me mandou ficar aqui...

Não existe amor sem igualdade de condições, pois se a balança pender para qualquer lado, a injustiça revela a submissão, que é a contraposição do amor. A palavra "incondicional" é a chave mestra do verdadeiro amor, pois é ela que nos capacita a ter esse sentimento tão sublime e faz com que eu ame o próximo como a mim mesmo, desejando a ele o que desejo a mim.

> "...quando aparecem as preocupações deste mundo, a ilusão das riquezas e outras ambições, essas coisas sufocam a mensagem, e ela não produz frutos."
>
> Marcos 4:19

A professora dita o seguinte problema aos alunos:
– Quanto renderiam 5 mil reais, em dois anos, num banco que pagasse juros de 1% ao ano?
A garotada começa a fazer as contas. No fundo da sala, um garotinho fica parado e a professora estranha:
– Por que não faz as contas também? Não sabe solucionar esse problema, Jacozinho?
E o garoto, com desdém, diz:
– Um por cento ao ano? Não compensa.

Tiramos a visão de um vidro transparente se colocarmos pó de prata dentro dele, transformando-o em um espelho que reflete nossa imagem. A prata, em si, não é um mal, porém se torna o mal quando a colocamos como essência em nossa vida. Quando o ter importa mais que o ser, quando abrimos mão do vital em prol do trivial, deixamos de viver e passamos a existir, apenas.

"Que adianta um homem viver muitos anos e ter cem filhos se não aproveitar as coisas boas da vida e não tiver um enterro decente?"

Eclesiastes 6:3

Três homens morreram e foram para o céu. Assim que chegaram lá e foram recebidos, ouviram a seguinte pergunta:
— Bom, vocês morreram, estão no caixão, seus amigos e sua família estão à sua volta, chorando. O que gostariam de ouvir?
O primeiro disse:
— Ah, eu queria que dissessem que eu era um grande médico e um bom pai de família.
O segundo falou:
— Ah, queria que minha mulher dissesse: "Meu marido era um homem maravilhoso e um pai exemplar para os meus filhos."
O terceiro respondeu:
— Eu queria que eles olhassem fixamente para mim e dissessem: "Olha, ele está se mexendo!"

Quantidade de vida não significa necessariamente qualidade de vida. Não adianta sonhar com a vida eterna sem ter qualidade de vida terrena. Não são o cargo, a função, o salário, o imóvel ou o carro que irão identificar se estamos ou não aproveitando as coisas boas da vida, mas sim nossa capacidade de desfrutar os pequenos prazeres que ela nos proporciona, como o maravilhamento diante de uma gota de chuva ou a sensação gostosa de um abraço sincero.

A longevidade precisa ser menos matemática e mais espiritual. Ser longevo é mais que viver muitos anos: ter uma vida longa é poder acumular momentos preciosos ao longo do caminho. É claro que gostaríamos de viver muitos anos, porém não podemos esquecer que a qualidade está acima da quantidade.

> *"Deus fez os animais, cada um de acordo com a sua espécie: os animais domésticos, os selvagens e os que se arrastam pelo chão. E Deus viu que o que havia feito era bom."*
>
> Gênesis 1:25

O telefone toca na delegacia e ouve-se uma voz desesperada:
— Socorro, venham rápido! Um gato acaba de entrar na minha casa!
— Um gato? Não fique apavorado. Não precisa se preocupar por causa de um gato!
— Por favor, é uma tragédia!
— Mas quem está falando?
— É o papagaio!

Se você oferece a um animal uma jaula com comida, água e possibilidade de procriação, ele se adaptará e se dará por satisfeito. Somente o animal homem nunca fica satisfeito, muito menos se enjaulado. Moramos em casas, apartamentos e condomínios repletos de todo aparato de segurança possível e imaginável. Mas não para nos protegermos de leões, tigres ou cobras – buscamos proteção contra os seres humanos selvagens que não hesitam em tirar a vida de seu semelhante para roubar o fruto de seu trabalho e de seu suor. "E Deus viu que o que havia feito era bom." Precisamos humanizar mais a humanidade, pois fazemos parte dessa criação que é boa na sua essência.

> *"O vosso ouro e a vossa prata se enferrujaram;*
> *e a sua ferrugem dará testemunho contra*
> *vós, e comerá como fogo a vossa carne.*
> *Entesourastes para os últimos dias."*
>
> Tiago 5:3

— Inventaram uma máquina pega-ladrão.
— Onde?
— Nos Estados Unidos.
— Ela foi levada para uma praça em Nova York e 30 minutos depois já havia detectado 27 ladrões! A polícia os prendeu na hora! Depois a levaram para a Inglaterra e em 30 minutos ela pegou 45 ladrões. Porém, o lugar dessa máquina é no Brasil! Ela foi trazida para o Rio de Janeiro e 5 minutos depois de ser colocada em uma praça no centro da cidade foi roubada.

Deitar a cabeça no travesseiro e dormir tranquilo é algo que não faz parte da vida de quem vive de fraude e corrupção. A paz de consciência não está à venda em nenhuma loja. A falta de medicamentos nos hospitais públicos e as péssimas condições de ensino serão debitados da conta dos que acumulam riqueza por meio da desgraça alheia. Paz de espírito, consciência tranquila, leveza e ternura espiritual definitivamente não têm preço. Por isso, nunca compactue com corrupção de nenhum tipo, por menor que seja.

*"Sabedoria escondida e tesouro oculto:
qual a utilidade de ambos?"*

Eclesiástico 20:32

Um policial à procura do assaltante diz:
– Com licença, senhora, estamos procurando um ladrão com um carrinho de bebê!
– Não entendi! Não seria melhor se vocês usassem um carro de polícia?

Deus nos dotou de uma grande inclinação para a criatividade, dando-nos sabedoria e entendimento. Esses dons, se forem bem utilizados, proporcionarão mais sabedoria e entendimento. A "esperteza" pode nos afastar da sabedoria e, consequentemente, de Deus e das coisas divinas. Não somos sábios quando pensamos que tudo sabemos, mas quando reconhecemos que nada sabemos e que precisamos sempre aprender coisas novas. A busca da sabedoria é como uma caixa-d'água que está sempre recebendo água e distribuindo-a, com o objetivo de matar a sede de muitos.

> *"Quem ama nunca desiste, porém suporta tudo com fé, esperança e paciência."*
> 1 Coríntios 13:7

O velhinho estava deitando de costas para a velhinha já fazia um mês. A velhinha disse:
– Ah, meu velho, você não me procura mais!
Então ele respondeu:
– Uai, mas você não se esconde!
E a velhinha disse:
– Uai, meu velho, quando nos casamos, você vivia agarradinho comigo, a gente só dormia abraçadinho. Agora, você só dorme no canto, virado pra lá. O que é isso, que distância é essa? Você não me morde mais no pescoço, como você mordia...
O velhinho se levantou, e ela perguntou:
– Por que se levantou? Ficou bravo?
E ele respondeu:
– Não, mas espere que eu vou ali buscar a dentadura!

A água é insípida, incolor e inodora, e, mesmo assim, vital. Não há razão para passarmos por esta vida como medíocres, sem nos preocuparmos em deixar nossa marca – inclusive porque não somos insípidos nem incolores nem muito menos inodoros. A marca registrada do ser humano é nossa consciente capacidade de amar, o alicerce para uma vida cheia de fé, esperança e paciência.

> *"Lembrem isto, meus queridos irmãos:*
> *cada um esteja pronto para ouvir, mas*
> *demore para falar e ficar com raiva."*
>
> Tiago 1:19

— Outro dia eu fui a um cemitério que fica perto da minha casa. Cheguei lá e vi uma velha gritando na beira de uma cova.
— É mesmo?
— É. Ela estava berrando: "Ô, meu velho, pelo amor de Deus, me leve com você, não posso viver na Terra sem você." Rapaz, e não é que a velha escorregou e caiu lá no fundo? Aí ela começou a gritar: "Socorro, pelo amor de Deus, me tirem daqui." Desde aquele dia, não confio mais nas mulheres.

Quem nunca ouviu o ditado que diz que temos dois ouvidos e uma boca para ouvirmos mais e falarmos menos? Alcançamos mais espiritualidade na oração, na meditação e na reflexão que no ato de falar demasiadamente. O próprio Cristo, ao iniciar seu ministério, foi primeiro para o deserto, onde ficou quarenta dias em oração e em meditação. É importante sabermos se estamos utilizando bem o "ouvir" e se canalizamos adequadamente o "falar". Dessa forma, teremos muito mais delicadeza e assertividade sempre que decidirmos pronunciar algo.

*"Filho, tenha sempre sabedoria e compreensão
e nunca deixe que elas se afastem de você."*

Provérbios 3:21

Uma velhinha, acompanhada por três amigas, vem por uma estrada dirigindo um automóvel em baixíssima velocidade. Um policial avista o automóvel, manda que ela pare e a adverte:
— Minha senhora, andar devagar demais pode provocar acidentes.
— Mas, seu guarda, estou obedecendo à sinalização — diz a mulher, apontando a placa BR-30.
— Mas, senhora, essa placa não indica limite de velocidade, e sim o número da rodovia. Trate de prestar mais atenção, certo? Só mais uma coisa: suas amigas estão bem? Parecem assustadas.
— Elas já vão melhorar. É que acabamos de sair da BR-201.

Às vezes procuramos longe as respostas que estão mais perto do que poderíamos supor. A paz que emana do som da água que corre no riacho busca a proximidade de nossos ouvidos. Por mais longe que possamos ir, nossos problemas irão nos acompanhar. A distância mais curta para a solução de nossas inquietações é a reta que nos leva a Deus.

"De onde lhe vêm essa sabedoria e esses milagres? Não é ele o filho do carpinteiro? Sua mãe não se chama Maria? E seus irmãos Tiago, José, Simão e Judas? E suas irmãs não estão todas conosco? De onde então vem tudo isso?"
Mateus 13:54

Um sujeito desabafa com o amigo na escola:
— Acho que meu futuro cunhado não tem dinheiro nenhum, porque toda vez que minha irmã fala em se casar minha mãe logo diz: "Pobre rapaz!"

É claro que nossos olhos se prendem primeiramente na embalagem, que a priori chama mais a atenção que o conteúdo. Muitas vezes um departamento de recursos humanos fica encantado com um lindo e vasto curriculum vitae, mas serão as atitudes do dia a dia que comprovarão se aquela contratação trará ganhos para a empresa.

Quando uma pessoa está buscando um companheiro, é necessário lembrar que ela sempre vai se preocupar com a aparência, mas isso não pode nem deve sobrepujar o caráter e a personalidade. Independentemente do "berço" em que nascemos, são nossas atitudes que irão graduar nossa importância no meio em que vivemos e trabalhamos.

> "Cuidado! Não pratiqueis vossa justiça na frente dos outros só para serdes notado... Por isso, quando deres esmola, não mande tocar a trombeta diante de ti, como fazem os hipócritas nas sinagogas."
>
> Mateus 6:1-2

Uma família janta em um restaurante. Depois de pagar a conta, o pai diz ao garçom:
– Embrulhe a carne que sobrou. Vamos levar para o cachorro.
– Oba! – gritam em coro as crianças. – Papai vai comprar um cachorro para a gente!

Desconfie dos que doam um tostão e gastam cem para divulgar sua doação. Quem doa de coração não busca reconhecimento como moeda de troca. Há uma diferença entre fazermos o bem e convidarmos outros a fazê-lo e simplesmente anunciarmos aos quatro cantos a caridade praticada, pensando em autopromoção. Um gesto vale mais que mil palavras. Nossos gestos de altruísmo devem servir de alavanca para os que receberam auxílio e de incentivo para que outros também ajudem. Quando faço alarde da caridade só para ser notado, tiro o real sentido da prática do amor para com os mais necessitados.

O mais importante não é o doador, mas o alerta de que se há alguém que precisa receber é porque ainda falta justiça social. É mais belo dar que receber, mas o marketing pessoal da solidariedade pode ofuscar a verdadeira generosidade.

> *"Então Pedro tomou a palavra: 'De fato',*
> *disse, 'estou compreendendo que Deus não*
> *faz discriminação entre as pessoas.'"*
>
> Atos 10:34

Um paciente vai ao psicanalista e diz:
– Meu problema, doutor, é que me sinto discriminado e ninguém liga para mim.
– Que entre o próximo paciente! – grita o médico.

Não é fácil ser diferente, sentir-se diferente e ainda ser excluído por causa dessa diferença. Se o mundo prega que o "ideal" é ser jovem e magro, imagine como se sentem os que chegam à terceira idade e os que lutam contra a balança. Muitas vezes, quando discriminamos alguém direta ou indiretamente, acabamos contribuindo para aumentar ainda mais a dificuldade que a própria pessoa tem de se aceitar. Aprendemos com Cristo que somos todos iguais perante Deus, não havendo distinção quanto a cor, credo, raça ou situação econômica. Todos habitamos este planeta como criaturas de um só Criador, um só Senhor, que nos fez diferentes para fugir da mesmice e para nos ensinar a viver num mundo ao mesmo tempo plural e igual. Pense nisso antes de ter qualquer pensamento preconceituoso.

> *"Quando quem é do mal mente, está apenas fazendo o que é o seu costume, pois é mentiroso e é o pai de todas as mentiras."*
>
> João 8:44b

Um homem e uma mulher bonita estavam jantando à luz de velas em um restaurante chique. De repente, o garçom notou que o homem escorregava lentamente para debaixo da mesa. A mulher parecia não reparar que o companheiro tinha desaparecido.

– Com licença, senhora – disse o garçom. – Acho que seu marido está debaixo da mesa.

– Não está, não – disse a mulher, olhando calmamente para o garçom. – Meu marido acabou de entrar no restaurante!

Quem é sincero é verdadeiro, autêntico, franco e leal. A pessoa sincera demonstra de forma honesta seus pensamentos e sentimentos, costuma agir com boa-fé e se expressa sem intenção de enganar, sem impostura ou malícia. Quer apenas expressar a verdade e não busca reconhecimento por isso, pois acredita que é a única forma de ser e existir.

Diferentemente das mentiras, que são palavras ao vento, a verdade deixa sua marca registrada por onde passa. Sejamos sinceros! Afinal, ser sincero é mais do que uma qualidade: é uma virtude. Nada atrai tanto a gratidão quanto a sinceridade, pois ela é testemunha da verdade.

> *"Vocês ouviram o que foi dito: 'Olho por olho, dente por dente.' Mas eu lhes digo: 'Não se vinguem dos que fazem mal a vocês. Se alguém lhe der um tapa na cara, vire o outro lado para ele bater também.'"*
>
> Mateus 5:38-39

Um comerciante, agonizando, confessa ao sócio:
— Preciso lhe contar uma coisa... roubei 100 milhões da nossa firma. Fiz um acordo secreto com nossos concorrentes. "Visitei" sua mulher quando você foi viajar. E eu...
— Estamos quites, meu velho. Fui eu que envenenei você.

É muito mais edificante trabalhar a dor da injustiça, da incompreensão e da traição que cultivar dia e noite o gosto pela vingança. Perdoar quem nos feriu é difícil, mas nos dignifica como seres humanos e aprimora nosso caráter, ao passo que a vingança, desejada ou realizada, apequena o ser humano, dando-lhe um falso prazer e corrompendo sua consciência.

Quando remoemos as ofensas, trazemos a amargura para nossa vida. E o pior é que esse sentimento é tão companheiro que fica grudado em nós o tempo todo: durante o café da manhã, o almoço, o jantar e na hora de dormir.

Independentemente dos sentimentos negativos que tentam tomar conta de você, pratique o perdão. Antes de tudo, perdoar é um ato de inteligência emocional que traz saúde espiritual para o corpo e para a mente. Perdoar é livrar-se de pensamentos impuros que não nos trazem nenhum benefício. É seguir o seu propósito maior e reforçar o vínculo que você possui com o Criador.

> *"Basta-te a minha graça; pois é na fraqueza que a força se realiza plenamente."*
>
> 1 Coríntios 1:25

Duas amigas estão almoçando juntas quando uma delas se vira para a outra e diz:

– Jamais vou entender os homens. Minutos atrás aquele rapaz não parava de olhar para mim. Agora que eu decidi retribuir com o meu melhor sorriso, ele desaparece.

– Talvez porque ele tenha me visto chegar...

– Ah, sua metida! Você deve achar que é muito mais bonita do que eu, não é?

– Talvez não seja mais bonita, no entanto sou a mais rápida. Aquele rapaz e eu somos casados há dois anos!

Em função de sua necessidade de crescer e de sobreviver, diversos animais trocam a casca, a pele ou as penas várias vezes durante a vida. Assim também somos nós, seres humanos: precisamos mudar de atitude várias vezes à medida que amadurecemos e ganhamos experiência, a fim de solidificar nosso caráter e evoluir. Não importa o tamanho do nosso tombo, o que interessa é a nossa força de vontade para levantar e seguir em frente na jornada da vida. Não importa se eu cair quando estiver subindo, o que importa é não me entregar à inércia e crer na minha capacidade de me soerguer sempre.

*"Agora o meu conhecimento é imperfeito,
mas depois conhecerei perfeitamente,
assim como sou conhecido por Deus."*

1 Coríntios 13:12

– Doutor, eu não aguento mais! Minha mulher está completamente louca!
– O que ela tem?
– O senhor não vai acreditar: ela mantém setenta gatos em nossa quitinete! Setenta! E o pior, doutor, é o cheiro que fica na casa inteira, aquele fedor desgraçado, porque todas as janelas ficam fechadas!
– Mas, então, abra as janelas!
– Ah, é? E deixo meus trezentos pombos fugirem?

Muitas vezes achamos que nosso conhecimento e nossas certezas é que são válidas. Assim, vemos o defeito do outro, mas não os nossos. Consideramos o PIB mais importante que a dor do nosso irmão que chora. Acreditamos que o número de divisas que entraram em nosso país fala mais alto que o grito desesperado da mãe que busca atendimento médico para seu filho e muitas vezes não consegue. Nem diante das frequentes intempéries climáticas, dos tsunamis, dos cataclismos e de outros fenômenos o homem está parando para orar, refletir e meditar sobre a sabedoria divina.

Por que demoramos tanto para aprender as lições divinas? Será que amamos a tolice ou que temos medo do conhecimento? Sei que nem sempre estamos prontos para reconhecer como somos imperfeitos e quanto ainda temos que crescer, mas precisamos assumir nossas limitações e, com muita humildade, aprender que somos dependentes de Deus e das leis da natureza (que é divina). Temos que abrir nossa mente e nosso coração imperfeitos para recebermos o conhecimento perfeito. Então daremos mais alguns passos na direção da nossa evolução.

> *"Os mexericos são tão deliciosos!*
> *Como gostamos de saboreá-los!"*
>
> Provérbios 18:8

Um homem em um bar pergunta ao outro:
– Você já parou para pensar na diferença entre o homem e a mulher?
O outro responde:
– Não. Qual é?
– A mulher, quando encontra outra na rua, diz "Nossa, como você está linda!" e depois, quando ela sai, diz "Nossa, como ela está gorda!". Já o homem, quando encontra outro, fala "E aí, careca, barrigudo?". Na hora em que o outro sai, ele pensa: "Esse cara é muito gente fina."

Para muitos de nós, não há nada melhor do que fazer fofoca da vida dos outros: não dói e ainda rende gostosas gargalhadas. Como não temos nenhum interesse pelo outro nem nos preocupamos com ele, não nos importamos com seu estado. O outro pode estar sofrendo, chorando ou se sentindo o último dos últimos, mas isso não nos interessa. Só o que queremos é nos divertir com a desgraça alheia. Independentemente de ser verdade ou não aquilo que soubemos, serviu para aliviar a nossa tensão – mesmo que à custa da tristeza do outro.

Aprendemos com Cristo que seremos medidos conforme medimos os outros, ou seja, se hoje fazemos parte do grupo dos que fazem o mexerico, amanhã poderemos provar do mesmo veneno e ser a nova vítima. Por isso, pense bem antes de juntar-se a fofoqueiros. O que você vai agregar a seu dia ao falar dos outros?

> *"O homem sábio pensa antes de falar;*
> *por isso o que ele diz convence mais.*
> *As palavras bondosas são como o mel: doces*
> *para o paladar e boas para a saúde."*
>
> Provérbios 16:23-24

A velhinha está escandalizada com o vocabulário do garoto:
– Juquinha! O que sua mãe diria se ouvisse o que você está dizendo?
– Ela diria: "Graças a Deus!"
– Não diria nada disso, seu malcriado!
– Lógico que diria. Ela é surda há vinte anos!

A Bíblia diz que a palavra é a semente que Jesus jogou no chão da nossa mente e no solo do nosso coração. Esteja atento a tudo o que diz, porque as palavras possuem um poder imenso de deixar marcas profundas no corpo e no coração. É imensurável seu poder quando proferidas com doçura, ternura, carinho e respeito. A palavra tem o poder de um bálsamo e pode amenizar, curar e cicatrizar as dores e as feridas da alma.

Falar olhando no olho do outro pode transformar o dia de alguém. Fale sobre coisas boas, faça elogios sinceros, declare o seu amor, use e abuse do poder que as palavras têm.

> *"Não fiquem com medo, pois Eu estou com vocês; não se apavorem, pois Eu sou o seu Deus. Eu lhes dou forças e os ajudo; Eu os protejo com a minha forte mão."*
> Isaías 41:10

Um amigo perguntou ao outro, que era ator:
– E aí, como foi a estreia do seu monólogo?
– Ah, você nem imagina... uma pessoa ficou vaiando o tempo todo.
– E o resto da plateia?
– Resto? Que resto?

Nós aprendemos na Sagrada Escritura que Deus nos conhece quando estamos dormindo ou acordados, andando ou repousando, sentados ou de pé, de dia ou de noite, na alegria e na tristeza, rodeados de amigos ou na solidão. Como Deus está conosco também nas adversidades, se desejarmos, podemos nos aproveitar da solidão e transformá-la num simples estar só, fazendo deste momento um rico encontro com Deus. Um marinheiro sozinho em alto-mar tem a presença de Deus na brisa, nas ondas, no sol, nos peixes e nos demais animais marinhos. Quem tem Deus no leme do barco da vida jamais está só ou sofre solidão.

> *"Então Jesus afirmou: – Eu sou*
> *a ressurreição e a vida.*
> *Quem crê em mim, ainda que morra viverá;*
> *E quem vive e crê em mim nunca morrerá.*
> *Você acredita nisso?"*
>
> João 11:25-26

Duas amigas se encontram no céu. Uma pergunta para a outra:
– Como você morreu?
– Congelada.
– Ai, que horror! Deve ter sido horrível! Como é morrer congelada?
– No começo é muito ruim: primeiro vieram os arrepios, depois as dores nos dedos das mãos e dos pés, tudo congelando... Mas depois veio um sono muito forte e perdi a consciência. E você, como morreu?
– Tive um ataque cardíaco. Eu estava desconfiada de que meu marido me traía. Um dia cheguei em casa mais cedo. Corri até o quarto e ele estava na cama, vendo TV. Desconfiada, corri até o porão, para ver se encontrava alguma mulher escondida, mas não encontrei ninguém. Corri até o segundo andar, mas também não vi ninguém. Quando fui até o sótão, já esbaforida, tive um ataque cardíaco e caí morta.
– Oh, que pena... Se você tivesse procurado no freezer, nós duas estaríamos vivas.

Tem muita gente sofrendo, carregando pesos e bagagens emocionais inúteis que transformam a vida em um tormento. Essas pessoas costumam dizer que não se importam com o sofrimento presente, pois nutrem a esperança de que terão alegria e felicidade na vida eterna. Isso é o oposto do que Jesus afirmou: "Eu vim para que todos tenham vida, mas vida em abundância." É claro que ele nos prometeu a vida eterna, mas também nos ensinou a buscar a qualidade de vida aqui e agora.

"Peçam e vocês receberão; Procurem e vocês acharão; Batam, e a porta será aberta para vocês. Porque todos aqueles que pedem recebem; aqueles que procuram acham; e a porta será aberta para quem bate."
Mateus 7:7-8

Um professor de química queria ensinar aos alunos os males causados pelas bebidas alcoólicas e elaborou uma experiência que envolvia um copo com água, outro com vinho e dois vermes.
– Alunos, atenção! Observem os vermes! – pediu o professor, colocando um dos vermes dentro do copo com água.
A criatura nadou agilmente no copo, como se estivesse feliz. Depois o mestre colocou o outro verme no segundo copo, que continha vinho. O bicho se contorceu desesperadamente, como se estivesse louco para sair dali. Depois de um tempo, afundou como uma pedra, morto. Satisfeito com os resultados, o professor perguntou aos alunos:
– E então, que lição podemos aprender com essa experiência?
– Quem bebe vinho nunca terá vermes – responderam os alunos.

Milagres acontecem principalmente na vida daqueles que insistem, perseveram, buscam fervorosamente aquilo em que acreditam. Milagre recebe quem acredita em Jesus Cristo, quem se abre para receber a manifestação divina. Todos os milagres de Jesus narrados nos quatro Evangelhos são precedidos de três coisas: procurar por Jesus, insistir em fazer o pedido e, por fim, acreditar. Por isso que ele perguntou e pergunta agora: "Você crê?"

> *"Para ser sábio, é preciso primeiro temer a Deus, o Senhor. Os tolos desprezam a sabedoria e não querem aprender."*
>
> Provérbios 1:7

Uma turma de direito faz prova oral. Olhando para um dos alunos, o professor pergunta:
— Vamos ver se você tem condições de ser um bom advogado. O que é uma fraude?
— É o que o senhor professor está fazendo.
— Ora essa! Explique-se!
Segurando o código penal, o rapaz diz:
— "Comete fraude todo aquele que se aproveita da ignorância do outro para prejudicá-lo."

A criatura não pode se sobrepor ao Criador, e o rio corre para o mar, não o contrário. Rebelar-se contra a nascente pode secar o rio. Do mesmo modo, se o mar desprezasse qualquer afluente, ele certamente seria menor. Não permitir que o Criador haja na criatura e não buscar Nele respostas às nossas angústias é condenar-nos a uma falsa autossuficiência que acarretará uma crise existencial com consequências dolorosas e incuráveis. Temer a Deus é diferente de ter medo de Deus. Temer é compreender que precisamos entender mais Deus e as coisas Dele, para nosso próprio bem. Quem entende isso, ao estar diante de Deus teme, mas não treme.

> *"Confie no Senhor de todo o coração e não se apoie na sua própria inteligência. Lembre-se de Deus em tudo o que fizer, e Ele lhe mostrará o caminho certo."*
>
> Provérbios 3:5-6

— Padre, ontem eu saí com meu namorado sem a permissão de minha mãe.
— Mas isso é pecado, e pecado grave, minha filha! Reze cinco pais-nossos como penitência.

A jovem permanece mais algum tempo ajoelhada, pensa um pouco e depois pergunta:

— Padre, se eu rezar dez pais-nossos, será que posso sair com ele hoje de novo?

Insistimos em enxergar no outro só as características que saltam aos olhos e nos incomodam, limitando o próximo, como se aquelas fossem suas únicas características. Grande erro. Precisamos aprender a respeitar as diferenças, pois nelas está a oportunidade de navegarmos em mundos desconhecidos. É na convivência com o outro que passamos a nos compreender mais e nos tornamos pessoas melhores.

Autossuficiência, esse sentimento de "eu me basto", é um atributo dos presunçosos e arrogantes. Bom é reconhecer que precisamos melhorar diariamente e crescer. Temos de nos colocar nos braços da providência divina para, juntos, encontrarmos o caminho certo. E Jesus disse: "Eu sou o caminho, a verdade e a vida."

> *"Senhor, livra a minha alma dos lábios enganadores, e da língua repleta de mentira."*
> Salmos 120:2

~~~

Com a audiência muito tumultuada, a promotora disse ao advogado:
— Doutor, o senhor é uma pessoa muito irritante. Se eu fosse a sua esposa, eu colocaria veneno no seu café!
Então ele olhou nos olhos dela e falou:
— Doutora, se eu fosse o seu marido, eu beberia esse café, viu?

Assim diz o povo: "Em boca fechada não entra mosca." Em inúmeras ocasiões ganharíamos muito mais se mantivéssemos a boca fechada. Nem sempre devemos nos calar, mas sempre devemos nos vigiar. Como é bom saber que podemos falar todo dia! Como é perigoso falar o dia todo!

Lembre-se de que frequentemente a melhor voz é a do silêncio. Se o que você quer falar não vai gerar o bem-viver, faça um favor para você e para todos: permaneça calado. Se todos tivessem esse discernimento, poderíamos criar um mundo melhor, com palavras poderosas, capazes de promover o bem maior.

"Até o meu melhor amigo, em quem eu tanto confiava, aquele que tomava refeições comigo, até ele se virou contra mim."

Salmos 41:9

Dois amigos combinaram que quem morresse primeiro iria voltar para contar ao outro se no céu havia futebol. Passado um tempo, um deles morreu. Alguns dias depois ele voltou e disse:
– Rapaz, tenho duas notícias para lhe dar: uma boa e outra ruim. Qual delas você quer antes?
– A boa.
– No céu tem futebol, sim!
– E a ruim?
– A ruim é que você foi escalado pra jogar neste domingo!

Se sua despensa está cheia, se você oferece banquetes, tem um excelente emprego e vive rodeado de pessoas, isso não significa que tenha um milhão de amigos. Não acredito, porém, que seja preciso perder tudo, ficar desempregado ou passar necessidades para conhecer os verdadeiros amigos.

Escolha como melhor amigo Aquele que lhe permite ser quem você é, sem cobrar nada por isso. Aquele que o presenteou com o sol, a lua, as estrelas, os mares e as montanhas, a fauna e a flora. Desfrute tudo isso sem pagar impostos ou pedágios, pois isso lhe foi oferecido apenas por amor. A amizade de Deus vem com um amor incondicional, capaz de trazer bênçãos para nós.

> *"Sejam sempre humildes, bem-educados e pacientes, suportando uns aos outros com amor. Façam tudo para conservar, por meio da paz que une vocês, a união que o Espírito dá."*
> Efésios 4:2-3

Jesus vai jogar golfe pela primeira vez. Pega o taco e bate na bola, mas erra completamente o caminho do buraco. A bola atravessa o campo no sentido contrário, bate na copa de uma árvore e ricocheteia numa pedra, o que a faz subir verticalmente até atingir um boeing que estava passando. Por fim, vai de encontro a um caminhão que passava por uma estrada vizinha, bate contra um muro e finalmente rola pela grama e cai no buraco. Jesus levanta os olhos para o céu e diz:

– Pai, me deixa jogar sozinho...

A humildade é um escudo contra o olhar do arrogante. O ser humano não é aquilo que fala, mas o que sua humildade revela. Ser humilde não é sinal de fraqueza, muito pelo contrário: é um dos maiores sinais da grandeza de uma pessoa. Só a humildade, a educação e a paciência são capazes de trazer a força do espírito de Deus, que é o bálsamo para a tolerância de todos os tipos. Foi para exaltar essa qualidade que Jesus se ajoelhou diante dos apóstolos, lavando e enxugando os pés de cada um deles. Lembre-se sempre de que é preciso tornar a humildade uma constante em nossa vida.

> *"Pais, não tratem seus filhos de um jeito que faça com que eles fiquem irritados. Pelo contrário, vocês devem criá-los com a disciplina e os ensinamentos cristãos."*
>
> Efésios 6:4

Um casal queria ficar à vontade em uma tarde de domingo, mas o filho de 5 anos não dava chance. Pensaram um pouco e decidiram colocar o menino sentado na varanda do apartamento, com a tarefa de relatar em voz alta todas as atividades da vizinhança. Assim, ao pensar que se tratava de uma brincadeira, ele não importunaria.

Sentado em sua cadeirinha confortável, o garoto começou o relato:

– Tem um carro sendo rebocado na rua. Tem uma ambulância parada lá na esquina. A família do 303 está recebendo visitas. O casal do 501 saiu e esqueceu a luz acesa. O Pedrinho do 301 acaba de ganhar uma bicicleta nova.

Assim, o garotinho esperto e atencioso foi fazendo o relato de tudo o que via e ouvia. De repente, o casal é surpreendido pela seguinte notícia:

– Os pais da Karina estão fazendo amor!

Os dois pulam da cama, correm até a varanda e o pai pergunta:

– Você está vendo isso daí?

– Não! – responde o garotinho. – Mas é que a Karina também está sentada na varanda.

Se Deus é amor, qualquer pedagogia inspirada Nele tem necessariamente que ser inspirada no amor, pois, sabendo que o amor é tolerante, inclusivo, terapêutico, magnânimo e terno, teremos então uma pedagogia que prima em ensinar e treinar as virtudes do amor, do companheirismo, do diálogo e da colaboração. Se não existir convergência na divergência, tolerância e respeito às minorias, não é pedagogia – muito menos de Deus. Que nossa educação seja sempre escrita em páginas repletas de amor ao próximo!

> *"O Senhor é bondoso com todos e cuida com carinho de todas as Suas criaturas."*
>
> Salmos 145:9

De partida para a guerra, um soldado muito ciumento resolveu colocar um cinto de castidade na esposa, temendo ser traído.
— Isso não é justo, pois posso morrer na guerra, e minha mulher é muito jovem.
Depois de pensar um pouco, teve uma ideia:
— Já sei, vou dar a chave ao meu melhor amigo, e, se algo acontecer comigo, ele poderá soltá-la.
No dia da partida, mal tinha cavalgado duzentos metros quando ouviu a voz do amigo, que corria desesperadamente em seu encalço.
— O que aconteceu, amigo? O que houve?
— Companheiro! — disse o outro, sem fôlego. — Você deixou a chave errada!

Se não fossem a bondade e a compassividade de Deus, as criaturas humanas já não habitariam este planeta. Você já analisou o conceito que tem sobre Deus? Ele se torna menor quando idealizado por esquemas humanos, mas, por ser maior, Ele nos ama e nos aceita como somos, na esperança de que melhoremos.

Deus não precisa de nós. Ele quis depender de nós para que a transformação do mundo fosse praticada por seres bons e carinhosos. Por isso Ele nos concedeu o livre-arbítrio: para que, livremente, optemos por um mundo de mais amor e bondade.

"Eu sempre achei que a sabedoria é melhor do que a força; mas ninguém acredita que uma pessoa pobre pode ser sábia e ninguém presta atenção no que ela diz."

Eclesiastes 9:16

O padre, recém-chegado na paróquia do interior, encontra na estrada um menino que puxa uma vaca.
– Aonde vai, meu jovem?
– Vou levar a vaca para cruzar com o touro do seu Zé.
O padre, escandalizado, imaginando a cena que o jovem iria presenciar, tentou fazê-lo desistir da missão:
– Será que seu pai não poderia fazer isso?
– Não. Tem que ser com o touro mesmo...

Davi era um pastor diferenciado, pois não saía correndo atrás das ovelhas desgarradas. Conta-se que ele usava um estilingue para apedrejar a ovelha, obrigando-a a voltar para o redil. Durante anos ele usou esse artifício, ou seja, uniu a sabedoria com o treino. Na época da guerra entre filisteus e judeus, Davi era um judeu franzino que venceu o maior e mais forte lutador filisteu. Com uma simples pedrada, o gigante veio abaixo, pois a força física não resistiu à sabedoria.

Ser pobre não é sinônimo de ser inferior, pois a verdadeira sabedoria não vem de um diploma ou de determinada classe social, mas da capacidade da pessoa de aprender com seus erros e estar aberta para os novos desafios que surgirem na escola da vida.

> *"Deus, tenha misericórdia de nós e nos abençoe,*
> *e Seu semblante resplandeça sobre nós."*
>
> Salmos 8:1

Altas horas da madrugada, o cara chega caindo de bêbado e, assim que põe o pé dentro de casa, a mulher quase enfia o relógio em seu nariz e grita:
– Quatro e trinta e cinco!
O homem, sem tirar os olhos do relógio, dispara:
– Por esse preço... até que é bonitinho!

Faz parte dos atributos da misericórdia ter paciência com a fraqueza do próximo, pois não existe ninguém que não tenha cometido erros. Muitos venceram na vida a partir da experiência que tiraram da própria falha. Isso sem falar dos que foram misericordiosos para com os outros e obtiveram a mesma misericórdia quando caíram. Pratique a solidariedade. Ter misericórdia é um ato de generosidade contagiante – é sermos capazes de abrir um espaço em nosso coração para recebermos todas as pessoas que desejamos e a quem queremos bem.

> *"Meu filho, escute o que o seu pai ensina e preste atenção no que a sua mãe diz."*
>
> Provérbios 1:8

— Papai, como foi que eu nasci?
— Foi a cegonha que o trouxe.
— E você, pai, como nasceu?
— Minha mãe me trouxe de Paris.
— E a vovó, como nasceu?
— Uma estrela a trouxe do céu.
— Quer dizer então que não nasce ninguém de parto normal em nossa família há três gerações?

Existe um ditado popular que diz: "Filho, não suba a glória à cabeça, que um dia você cai, pois, por grande que seja o filho, nunca é maior que o pai." Às vezes tentamos encurtar nossa estrada pelos atalhos da vida, mas então nos perdemos na mata fechada, enfrentando o desconhecido e alongando nossa caminhada. Não podemos nos enganar nem enganar Deus: temos que seguir nossa jornada na certeza de que o Pai só quer e deseja nossa vitória.

> *"Tem compaixão de mim, e eu continuarei*
> *vivo, pois gosto de pensar na tua lei."*
>
> Salmos 119:77

Dois amigos estavam conversando. Um deles disse:
— Um dia, olhando para a Terra, Deus viu todo o mal que se passava nela. Assim, chamou um de Seus melhores anjos para investigar, mandando-o à Terra por algum tempo. Quando o anjo regressou, contou a Deus: "De fato, a Terra é 95% má e 5% boa." Então Deus pensou por um momento e decidiu: "Melhor mandar outro anjo, para uma segunda opinião."

O amigo ouvia atentamente a história.

— Assim, Deus enviou outro anjo à Terra. Quando regressou, esse anjo também disse: "Sim, a Terra está em decadência, e 95% dela é má e apenas 5% é boa." Deus percebeu que a situação estava complicada, então decidiu escrever um e-mail para os 5% de pessoas boas que havia no mundo, para que tivessem ânimo, não desistissem e seguissem adiante, sem perder a fé.

Ele fez uma pausa e perguntou:
— Sabe o que dizia o e-mail?
— Não — respondeu o amigo.
— Então estamos ferrados... Porque para mim também não chegou nada!

Não espere receber uma mensagem para praticar o bem. Faça isso genuinamente a todo momento. Traga o bom humor para sua vida e contagie todos com sua energia, seu amor, sua força e sua fé.

O grande presente que a misericórdia nos concede é a certeza de que podemos recomeçar, sabendo que de fato o passado ficou para trás. Reviver é renascer todos os dias para uma nova vida, na esperança de não mais vivermos afastados das delícias que recebemos pelo amor incondicional de Deus e por Sua misericórdia.

Almeje e faça tudo para alcançar a vida eterna, sem jamais deixar de lutar para ter uma vida terrena de qualidade. Pois foi Jesus quem afirmou: "Eu vim para que todos tenham vida, e vida em abundância." Amém!

INFORMAÇÕES SOBRE OS PRÓXIMOS LANÇAMENTOS

Para saber mais sobre os títulos e autores
da EDITORA SEXTANTE,
visite o site www.sextante.com.br
ou siga @sextante no Twitter.
Além de informações sobre os próximos lançamentos,
você terá acesso a conteúdos exclusivos e poderá participar
de promoções e sorteios.

Se quiser receber informações por e-mail,
basta cadastrar-se diretamente no nosso site.

Para enviar seus comentários sobre este livro,
escreva para atendimento@esextante.com.br
ou mande uma mensagem para @sextante no Twitter.

EDITORA SEXTANTE
Rua Voluntários da Pátria, 45 / 1.404 – Botafogo
Rio de Janeiro – RJ – 22270-000 – Brasil
Telefone: (21) 2538-4100 – Fax: (21) 2286-9244
E-mail: atendimento@esextante.com.br